COLLECTION FONDÉE EN 1984
PAR ALAIN HORIC
ET GASTON MIRON

TYPO EST DIRIGÉE PAR
PIERRE GRAVELINE

AVEC LA COLLABORATION DE
JEAN-FRANÇOIS NADEAU
SIMONE SAUREN
ET JEAN-YVES SOUCY

TYPO bénéficie du soutien du ministère de la Société de développement des entreprises culturelles du Québec (SODEC) pour son programme d'édition.

Nous reconnaissons l'aide financière du gouvernement du Canada par l'entremise du Programme d'aide au développement de l'édition (PADIÉ) pour nos activités d'édition.

Nous remercions le Conseil des Arts du Canada de l'aide accordée à notre programme de publication.

REGARDS ET JEUX DANS L'ESPACE

ET AUTRES POÈMES

HECTOR DE SAINT-DENYS GARNEAU

Regards et jeux dans l'espace
et autres poèmes

Postface de François Charron

TYPO

Éditions TYPO
Une division du groupe Ville-Marie Littérature
1010, rue de La Gauchetière Est
Montréal, Québec H2L 2N5
Tél. : (514) 523-1182
Téléc. : (514) 282-7530
Courriel : vml@sogides.com

Photo de la couverture : Saint-Denys Garneau,
Archives nationales du Québec

DISTRIBUTEURS EXCLUSIFS :

• Pour le Canada et les États-Unis :
LES MESSAGERIES ADP*
955, rue Amherst,
Montréal, Québec
H2L 3K4
Tél. : (514) 523-1182
Téléc. : (514) 939-0406
* Filiale de Sogides ltée

• Pour la Suisse :
TRANSAT S.A.
Route des Jeunes, 4 Ter, C.P. 125,
1211 Genève 26
Tél. : (41-22) 342-77-40
Téléc. : (41-22) 343-46-46

• Pour la France :
D.E.Q.
30, rue Gay Lussac, 75005 Paris
Tél. : 01 43 54 49 02
Téléc. : 01 43 54 39 15
Courriel : liquebec@cybercable.fr

Pour en savoir davantage sur nos publications,
visitez notre site : **www.edtypo.com**
Autres sites à visiter : www.edhomme.com www.edvlb.com
www.edjour.com • www.edhexagone.com • www.edutilis.com

Édition originale :
© *Regards et jeux dans l'espace*,
Montréal, [s.é.], 1937.

Dépôt légal : 4e trimestre 1999
Bibliothèque nationale du Québec
Bibliothèque nationale du Canada

Note des éditeurs

Pour ce recueil des poèmes de Saint-Denys Garneau, nous avons reproduit fidèlement l'édition originale de *Regards et jeux dans l'espace* préparée par l'auteur en 1937. La seconde partie de notre recueil regroupe sept poèmes de jeunesse ainsi que la quasi-totalité des poèmes retrouvés, dont tous ceux appartenant à l'ensemble composé en 1948 sous le nom des « Solitudes » par des amis de Saint-Denys Garneau. Nous avons présenté ces poèmes selon un ordre chronologique dans la mesure où il nous a été possible d'en retrouver les dates, et ce grâce au remarquable travail critique de Giselle Huot, de Jacques Brault et de Benoît Lacroix. Les poèmes non datés ont été placés en fin d'ouvrage.

Regards et jeux dans l'espace

I

JEUX

Je ne suis pas bien du tout assis sur cette chaise
Et mon pire malaise est un fauteuil où l'on reste
Immanquablement je m'endors et j'y meurs.

Mais laissez-moi traverser le torrent sur les roches
Par bonds quitter cette chose pour celle-là
Je trouve l'équilibre impondérable entre les deux
C'est là sans appui que je me repose.

Le jeu

Ne me dérangez pas je suis profondément occupé

Un enfant est en train de bâtir un village
C'est une ville, un comté
Et qui sait
       Tantôt l'univers.

Il joue

Ces cubes de bois sont des maisons qu'il déplace
                    et des châteaux
Cette planche fait signe d'un toit qui penche
                    ça n'est pas mal à voir
Ce n'est pas peu de savoir où va tourner la route
                    de cartes
Cela pourrait changer complètement
                    le cours de la rivière
À cause du pont qui fait un si beau mirage
                    dans l'eau du tapis
C'est facile d'avoir un grand arbre
Et de mettre au-dessous une montagne
                    pour qu'il soit en haut.

Joie de jouer ! paradis des libertés !
Et surtout n'allez pas mettre un pied dans la chambre
On ne sait jamais ce qui peut être dans ce coin
Et si vous n'allez pas écraser la plus chère
                              des fleurs invisibles

Voilà ma boîte à jouets
Pleine de mots pour faire de merveilleux enlacements
Les allier séparer marier,
Déroulements tantôt de danse
Et tout à l'heure le clair éclat du rire
Qu'on croyait perdu

Une tendre chiquenaude
Et l'étoile
Qui se balançait sans prendre garde
Au bout d'un fil trop ténu de lumière
Tombe dans l'eau et fait des ronds.

De l'amour de la tendresse qui donc oserait en douter
Mais pas deux sous de respect pour l'ordre établi
Et la politesse et cette chère discipline
Une légèreté et des manières à scandaliser les
                                    grandes personnes

Il vous arrange les mots comme si c'étaient de
                                    simples chansons
Et dans ses yeux on peut lire son espiègle plaisir
À voir que sous les mots il déplace toutes choses
Et qu'il en agit avec les montagnes
Comme s'il les possédait en propre.
Il met la chambre à l'envers et vraiment l'on ne s'y
                                    reconnaît plus
Comme si c'était un plaisir de berner les gens.

Et pourtant dans son œil gauche quand le droit rit
Une gravité de l'autre monde s'attache à la feuille
                                    d'un arbre
Comme si cela pouvait avoir une grande importance
Avait autant de poids dans sa balance
Que la guerre d'Éthiopie
Dans celle de l'Angleterre.

Nous ne sommes pas des comptables

Tout le monde peut voir une piastre de papier vert
Mais qui peut voir au travers
                              si ce n'est un enfant
Qui peut comme lui voir au travers en toute liberté
Sans que du tout la piastre l'empêche
                              ni ses limites
Ni sa valeur d'une seule piastre

Mais il voit par cette vitrine des milliers de jouets
                              merveilleux
Et n'a pas envie de choisir parmi ces trésors
Ni désir ni nécessité
Lui
Mais ses yeux sont grands pour tout prendre.

Spectacle de la danse

Mes enfants vous dansez mal
Il faut dire qu'il est difficile de danser ici
Dans ce manque d'air
Ici sans espace qui est toute la danse.

Vous ne savez pas jouer avec l'espace
Et vous y jouez
Sans chaînes
Pauvres enfants qui ne pouvez pas jouer.

Comment voulez-vous danser j'ai vu les murs
La ville coupe le regard au début
Coupe à l'épaule le regard manchot
Avant même une inflexion rythmique
Avant, sa course et repos au loin
Son épanouissement au loin du paysage
Avant la fleur du regard alliage au ciel
Mariage au ciel du regard
Infinis rencontrés heurt
Des merveilleux.

La danse est seconde mesure et second départ
Elle prend possession du monde
Après la première victoire
Du regard

Qui lui ne laisse pas de trace en l'espace
– Moins que l'oiseau même et son sillage
Que même la chanson et son invisible passage
Remuement imperceptible de l'air –
Accolade, lui, par l'immatériel
Au plus près de l'immuable transparence
Comme un reflet dans l'onde au paysage
Qu'on n'a pas vu tomber dans la rivière

Or la danse est paraphrase de la vision
Le chemin retrouvé qu'ont perdu les yeux dans le but
Un attardement arabesque à reconstruire
Depuis sa source l'enveloppement de la séduction.

Rivière de mes yeux

Ô mes yeux ce matin grands comme des rivières
Ô l'onde de mes yeux prêts à tout refléter
Et cette fraîcheur sous mes paupières
Extraordinaire
Tout alentour des images que je vois

Comme un ruisseau rafraîchit l'île
Et comme l'onde fluante entoure
La baigneuse ensoleillée

II

ENFANTS

I

Les enfants
Ah ! les petits monstres

Ils vous ont sauté dessus
Comme ils grimpent après les trembles
Pour les fléchir
Et les faire pencher sur eux

Ils ont un piège
Avec une incroyable obstination

Ils ne vous ont pas laissés
Avant de vous avoir gagnés

Alors ils vous ont laissés
Les perfides
            vous ont abandonnés
Se sont enfuis en riant.

Il y en a qui sont restés
Quand les autres sont partis jouer
Ils sont restés assis gravement.

Il en est qui sont allés
Jusqu'au bout de la grande allée

Leur rire s'est suspendu

Pendant qu'ils se retournaient
Pour vous voir qui les regardiez

Un remords et un regret

Mais il n'était pas perdu
Il a repris sa fusée
Qu'on entend courir en l'air
Cependant qu'eux sont disparus
Quand l'allée a descendu.

II
Portrait

C'est un drôle d'enfant
C'est un oiseau
Il n'est plus là

Il s'agit de le trouver
De le chercher
Quand il est là

Il s'agit de ne pas lui faire peur
C'est un oiseau
C'est un colimaçon.

Il ne regarde que pour vous embrasser
Autrement il ne sait pas quoi faire

avec ses yeux

Où les poser
Il les tracasse comme un paysan sa casquette

Il lui faut aller vers vous
Et quand il s'arrête
Et s'il arrive
Il n'est plus là

Alors il faut le voir venir
Et l'aimer durant son voyage.

III

Esquisses en plein air

La voix des feuilles
Une chanson
Plus claire un froissement
De robes plus claires aux plus
                    transparentes couleurs.

L'aquarelle

Est-il rien de meilleur pour vous chanter
                                    les champs
Et vous les arbres transparents
Les feuilles
Et pour ne pas cacher la moindre des lumières

Que l'aquarelle cette claire
Claire tulle ce voile clair sur le papier.

Flûte

Tous les champs ont soupiré par une flûte
Tous les champs à perte de vue ondulés sur les
                                       buttes
Tendus verts sur la respiration calme des buttes

Toute la respiration des champs a trouvé ce petit
ruisseau vert de son pour sortir
À découvert
Cette voix verte presque marine
Et soupiré un son tout frais
                          Par une flûte.

Saules

Les saules au bord de l'onde
La tête penchée
Le vent peigne leurs chevelures longues
Les agite au-dessus de l'eau
Pendant qu'ils songent
Et se plaisent indéfiniment
Aux jeux du soleil dans leur feuillage froid
Ou quand la nuit emmêle ses ruissellements.

Les ormes

Dans les champs
Calmes parasols
Sveltes, dans une tranquille élégance
Les ormes sont seuls ou par petites familles.
Les ormes calmes font de l'ombre
Pour les vaches et les chevaux
Qui les entourent à midi.
Ils ne parlent pas
Je ne les ai pas entendus chanter.
Ils sont simples
Ils font de l'ombre légère
Bonnement
Pour les bêtes.

Saules

Les grands saules chantent
Mêlés au ciel
Et leurs feuillages sont des eaux vives
Dans le ciel

Le vent
Tourne leurs feuilles
D'argent
Dans la lumière
Et c'est rutilant
Et mobile
Et cela flue
Comme des ondes.

On dirait que les saules coulent
Dans le vent
Et c'est le vent
Qui coule en eux.

C'est des remous dans le ciel bleu
Autour des branches et des troncs
La brise chavire les feuilles
Et la lumière saute autour
Une féerie
Avec mille reflets
Comme des trilles d'oiseaux-mouches
Comme elle danse sur les ruisseaux
Mobile
Avec tous ses diamants et tous ses sourires.

Pins à contre-jour

Dans la lumière leur feuillage est comme l'eau
Des îles d'eau claire
Sur le noir de l'épinette ombrée à contre-jour

Ils ruissellent
Chaque aigrette et la touffe
Une île d'eau claire au bout de chaque branche

Chaque aiguille un reflet un fil d'eau vive

Chaque aigrette ruisselle comme une petite source
                                        qui bouillonne
Et s'écoule
On ne sait où.

Ils ruissellent comme j'ai vu ce printemps
Ruisseler les saules eux l'arbre entier
Pareillement argent tout reflet tout onde
Tout fuite d'eau passage
Comme du vent rendu visible
Et paraissant
Liquide
À travers quelque fenêtre magique.

IV

Deux paysages

I

Paysage en deux couleurs
sur fond de ciel

La vie la mort sur deux collines
Deux collines quatre versants
Les fleurs sauvages sur deux versants
L'ombre sauvage sur deux versants.

Le soleil debout dans le sud
Met son bonheur sur les deux cimes
L'épand sur faces des deux pentes
Et jusqu'à l'eau de la vallée
(Regarde tout et ne voit rien)

Dans la vallée le ciel de l'eau
Au ciel de l'eau les nénuphars
Les longues tiges vont au profond
Et le soleil les suit du doigt
(Les suit du doigt et ne sent rien)

Sur l'eau bercée   de nénuphars
Sur l'eau piquée   de nénuphars
Sur l'eau percée   de nénuphars
Et tenue de cent mille tiges
Porte le pied des deux collines
Un pied fleuri de fleurs sauvages
Un pied rongé d'ombre sauvage.

Et pour qui vogue en plein milieu
Pour le poisson qui saute au milieu
(Voit une mouche tout au plus)

Tendant les pentes vers le fond
Plonge le front des deux collines
Un de fleurs fraîches dans la lumière
Vingt ans de fleurs sur fond de ciel
Un sans couleur ni de visage
Et sans comprendre et sans soleil
Mais tout mangé d'ombre sauvage
Tout composé d'absence noire
Un trou d'oubli – ciel calme autour.

II

Un mort demande à boire
Le puits n'a plus tant d'eau qu'on le croirait
Qui portera réponse au mort
La fontaine dit mon onde n'est pas pour lui.

Or voilà toutes ses servantes en branle
Chacune avec un vase à chacune sa source
Pour apaiser la soif du maître
Un mort qui demande à boire.

Celle-ci cueille au fond du jardin nocturne
Le pollen suave qui sourd des fleurs
Dans la chaleur qui s'attarde
                              à l'enveloppement de la nuit
Elle développe cette chair devant lui

Mais le mort a soif encore et demande à boire

Celle-là cueille par l'argent des prés lunaires
Les corolles que ferma la fraîcheur du soir
Elle en fait un bouquet bien gonflé
Une tendre lourdeur fraîche à la bouche
Et s'empresse au maître pour l'offrir

Mais le mort a soif et demande à boire

Alors la troisième et première des trois sœurs
S'empresse elle aussi dans les champs
Pendant que surgit au ciel d'orient
La claire menace de l'aurore
Elle ramasse au filet de son tablier d'or
Les gouttes lumineuses de la rosée matinale
En emplit une coupe et l'offre au maître

Mais il a soif encore et demande à boire.

Alors le matin paraît dans sa gloire
Et répand comme un vent la lumière sur la vallée
Et le mort pulvérisé
Le mort percé de rayons comme une brume
S'évapore et meurt
Et son souvenir même a quitté la terre.

V

DE GRIS EN PLUS NOIR

Spleen

Ah ! quel voyage nous allons faire
Mon âme et moi, quel lent voyage

Et quel pays nous allons voir
Quel long pays, pays d'ennui.

Ah ! d'être assez fourbu le soir
Pour revenir sans plus rien voir

Et de mourir pendant la nuit
Mort de moi, mort de notre ennui.

Maison fermée

Je songe à la désolation de l'hiver
Aux longues journées de solitude
Dans la maison morte –
Car la maison meurt où rien n'est ouvert –
Dans la maison close, cernée de forêts

Forêts noires pleines
De vent dur

Dans la maison pressée de froid
Dans la désolation de l'hiver qui dure

Seul à conserver un petit feu dans le grand âtre
L'alimentant de branches sèches
Petit à petit
Que cela dure
Pour empêcher la mort totale du feu
Seul avec l'ennui qui ne peut plus sortir
Qu'on enferme avec soi
Et qui se propage dans la chambre

Comme la fumée d'un mauvais âtre
Qui tire mal vers en haut
Quand le vent s'abat sur le toit
Et rabroue la fumée dans la chambre
Jusqu'à ce qu'on étouffe dans la maison fermée

Seul avec l'ennui
Que secoue à peine la vaine épouvante
Qui nous prend tout à coup
Quand le froid casse les clous dans les planches
Et que le vent fait craquer la charpente

Les longues nuits à s'empêcher de geler
Puis au matin vient la lumière
Plus glaciale que la nuit.

Ainsi les longs mois à attendre
La fin de l'âpre hiver.

Je songe à la désolation de l'hiver
Seul
Dans une maison fermée.

Fièvre

Reprend le feu
Sous les cendres

Attention
On ne sait pas
Dans les débris

Attention
On sait trop bien
Dans les débris
Le moindre souffle et le feu part

Au fond du bois
Le feu reprend
Sournoisement
De moins en plus fort

Attention
Le feu reprend
Brûle le vent à son passage

Le feu reprend
Mais où passer
Dans les débris
Tout fracassés
Dans les écopeaux
Bien tassés

La chaleur chauffe
Le vent se brûle
La chaleur monte
Et brouille le ciel

À lueurs lourdes
La chaleur sourde
Chauffe et me tord

La chaleur chauffe
Sans flamme claire
La chaleur monte
Sans oriflamme
Brouillant le ciel
Tremblant les arbres
Brûlant le vent à son passage.

Le paysage
Demande grâce
Les bêtes ont les yeux effarés
Les oiseaux sont égarés
Dans la chaleur brouillant le ciel

Le vent ne peut plus traverser
Vers les grands arbres qui étouffent
Les bras ouverts
Pour un peu d'air

Le paysage demande grâce
Et la chaleur intolérable
Du feu repris
Dans les débris
Est sans une fissure aucune
Pour une flamme
Ou pour le vent.

VI

FACTION

Commencement perpétuel

Un homme d'un certain âge
Plutôt jeune et plutôt vieux
Portant des yeux préoccupés
Et des lunettes sans couleur
Est assis au pied d'un mur
Au pied d'un mur en face d'un mur

Il dit je vais compter de un à cent
À cent ça sera fini ————————→ l'objectif
Une bonne fois une fois pour toutes
Je commence   un deux   et le reste

Mais à soixante-treize il ne sait plus bien

    ↳ doute de
        soi-même
    incapacité de bien
            compter

C'est comme quand on croyait compter les coups de
minuit
et qu'on arrive à onze
Il fait noir comment savoir
On essaye de reconstruire avec les espaces le rythme
Mais quand est-ce que ça a commencé

Et l'on attend la prochaine heure

Il dit allons il faut en finir
Recommençons une bonne fois
Une fois pour toutes
De un à cent
Un...

Autrefois j'ai fait des poèmes
Qui contenaient tout le rayon
Du centre à la périphérie et au-delà
Comme s'il n'y avait pas de périphérie
                              mais le centre seul
Et comme si j'étais le soleil : à l'entour
                              l'espace illimité
C'est qu'on prend de l'élan
                    à jaillir tout au long du rayon
C'est qu'on acquiert une prodigieuse vitesse de bolide
Quelle attraction centrale peut alors
                         empêcher qu'on s'échappe
Quel dôme de firmament concave qu'on le perce
Quand on a cet élan pour éclater dans l'Au-delà.

Mais on apprend que la terre n'est pas plate
Mais une sphère et que le centre n'est pas au milieu
Mais au centre
Et l'on apprend la longueur du rayon ce chemin
                              trop parcouru
Et l'on connaît bientôt la surface
Du globe tout mesuré inspecté arpenté vieux sentier
Tout battu

Alors la pauvre tâche
De pousser le périmètre à sa limite
Dans l'espoir à la surface du globe d'une fissure,
Dans l'espoir et d'un éclatement des bornes
Par quoi retrouver libre l'air et la lumière.

Hélas tantôt désespoir
L'élan de l'entier rayon devenu
Ce point mort sur la surface.

Tel un homme
Sur le chemin trop court par la crainte du port
Raccourcit l'enjambée et s'attarde à venir
Il me faut devenir subtil
Afin de, divisant à l'infini l'infime distance
De la corde à l'arc,
Créer par ingéniosité un espace analogue à l'Au-delà
Et trouver dans ce réduit matière
Pour vivre et l'art.

Faction

On a décidé de faire la nuit
Pour une petite étoile problématique
A-t-on le droit de faire la nuit
Nuit sur le monde et sur notre cœur
Pour une étincelle
Luira-t-elle
Dans le ciel immense désert

On a décidé de faire la nuit
pour sa part
De lâcher la nuit sur la terre
Quand on sait ce que c'est
Quelle bête c'est
Quand on a connu quel désert
Elle fait à nos yeux sur son passage

On a décidé de lâcher la nuit sur la terre
Quand on sait ce que c'est
Et de prendre sa faction solitaire
Pour une étoile
               encore qui n'est pas sûre
Qui sera peut-être une étoile filante
Ou bien le faux éclair d'une illusion
Dans la caverne que creusent en nous
Nos avides prunelles.

VII

SANS TITRE

Tu croyais tout tranquille
Tout apaisé
Et tu pensais que cette mort était aisée

Mais non, tu sais bien que j'avais peur
Que je n'osais faire un mouvement
Ni rien entendre
Ni rien dire
De peur de m'éveiller complètement
Et je fermais les yeux obstinément
Comme un qui ne peut s'endormir
Je me bouchais les oreilles avec mon oreiller
Et je tremblais que le sommeil ne s'en aille

Que je sentais déjà se retirer
Comme une porte ouverte en hiver
Laisse aller la chaleur tendre
Et s'introduire dans la chambre
Le froid qui vous secoue de votre assoupissement
Vous fouette
Et vous rend conscient nettement comme l'acier

Et maintenant

Les yeux ouverts les yeux de chair
                                     trop grands ouverts
Envahis regardent passer
Les yeux les bouches les cheveux
Cette lumière trop vibrante
Qui déchire à coups de rayons
La pâleur du ciel de l'automne

Et mon regard part en chasse effrénément
De cette splendeur qui s'en va
De la clarté qui s'échappe
Par les fissures du temps

L'automne presque dépouillé
De l'or mouvant
Des forêts
Et puis ce couchant
Qui glisse au bord de l'horizon
À me faire crier d'angoisse

Toutes ces choses qu'on m'enlève

J'écoute douloureux comme passe une onde
Les chatoiements des voix et du vent
Symphonie déjà perdue   déjà fondue
En les frissons de l'air qui glisse vers hier

Les yeux le cœur et les mains ouvertes
Mains sous mes yeux ces doigts écartés
Qui n'ont jamais rien retenu
Et qui frémissent
Dans l'épouvante d'être vides

Maintenant mon être en éveil
Est comme déroulé sur une grande étendue
Sans plus de refuge au sein de soi
Contre le mortel frisson des vents
Et mon cœur charnel est ouvert comme une plaie
D'où s'échappe aux torrents du désir
Mon sang distribué aux quatre points cardinaux.

Qu'est-ce qu'on peut pour notre ami
au loin là-bas
à longueur de notre bras

Qu'est-ce qu'on peut pour notre ami
Qui souffre une douleur infinie.

Qu'est-ce qu'on peut pour notre cœur
Qui se tourmente et se lamente

Qu'est-ce qu'on peut pour notre cœur
Qui nous quitte en voyage tout seul

Que l'on regarde d'où l'on est
Comme un enfant qui part en mer

De sur la falaise où l'on est
Comme un enfant qu'un vaisseau prend

Comme un bateau que prend la mer
Pour un voyage au bout du vent

Pour un voyage en plein soleil
Mais la mer sonne déjà sourd

Et le ressac s'abat plus lourd
Et le voyage est à l'orage

Et lorsque toute la mer tonne
Et que le vent se lamente aux cordages

Le vaisseau n'est plus qu'une plainte
Et l'enfant n'est plus qu'un tourment

Et de la falaise où l'on est
Notre regard est sur la mer

Et nos bras sont à nos côtés
Comme des rames inutiles

Nos regards souffrent sur la mer
Comme de grandes mains de pitié

Deux pauvres mains qui ne font rien
Qui savent tout et ne peuvent rien

Qu'est-ce qu'on peut pour notre cœur
Enfant en voyage tout seul
Que la mer à nos yeux déchira.

Petite fin du monde

Oh! Oh!
Les oiseaux
morts

Les oiseaux
les colombes
nos mains

Qu'est-ce qu'elles ont eu
qu'elles ne se reconnaissent plus

On les a vues autrefois
Se rencontrer dans la pleine clarté
se balancer dans le ciel
se côtoyer avec tant de plaisir
                    et se connaître
dans une telle douceur

Qu'est-ce qu'elles ont maintenant
quatre mains sans plus un chant
que voici mortes
désertées

J'ai goûté à la fin du monde
et ton visage a paru périr
devant ce silence de quatre colombes
devant la mort de ces quatre mains
    Tombées
en rang côte à côte

Et l'on se demande
    À ce deuil
quelle mort secrète
quel travail secret de la mort
par quelle voie intime dans notre ombre
où nos regards n'ont pas voulu descendre
    La mort
a mangé la vie aux oiseaux
a chassé le chant et rompu le vol
à quatre colombes
alignées sous nos yeux

de sorte qu'elles sont maintenant
                     sans palpitation
et sans rayonnement de l'âme.

Accueil

Moi ce n'est que pour vous aimer
Pour vous voir
Et pour aimer vous voir

Moi ça n'est pas pour vous parler
Ça n'est pas pour des échanges
                              conversations
Ceci livré, cela retenu
Pour ces compromissions de nos dons

C'est pour savoir que vous êtes,
Pour aimer que vous soyez

Moi ce n'est que pour vous aimer
Que je vous accueille
Dans la vallée spacieuse de mon recueillement
Où vous marchez seule et sans moi
Libre complètement

Dieu sait que vous serez inattentive
Et de tous côtés au soleil
Et tout entière en votre fleur
Sans une hypocrisie
en votre jeu

Vous serez claire et seule
Comme une fleur sous le ciel
Sans un repli
Sans un recul de votre exquise pudeur

Moi je suis seul à mon tour
autour de la vallée
Je suis la colline attentive
Autour de la vallée
Où la gazelle de votre grâce évoluera
Dans la confiance et la clarté de l'air

Seul à mon tour j'aurai la joie
Devant moi
De vos gestes parfaits
Des attitudes parfaites
De votre solitude

Et Dieu sait que vous repartirez
Comme vous êtes venue
Et je ne vous reconnaîtrai plus

Je ne serai peut-être pas plus seul
Mais la vallée sera déserte
Et qui me parlera de vous ?

Cage d'oiseau

Je suis une cage d'oiseau
Une cage d'os
Avec un oiseau

L'oiseau dans ma cage d'os
C'est la mort qui fait son nid

Lorsque rien n'arrive
On entend froisser ses ailes

Et quand on a ri beaucoup
Si l'on cesse tout à coup
On l'entend qui roucoule
Au fond
Comme un grelot

C'est un oiseau tenu captif
La mort dans ma cage d'os

Voudrait-il pas s'envoler
Est-ce vous qui le retiendrez
Est-ce moi
Qu'est-ce que c'est

Il ne pourra s'en aller
Qu'après avoir tout mangé
Mon cœur
La source du sang
Avec la vie dedans

Il aura mon âme au bec.

ACCOMPAGNEMENT

Je marche à côté d'une joie
D'une joie qui n'est pas à moi
D'une joie à moi que je ne puis pas prendre

Je marche à côté de moi en joie
J'entends mon pas en joie qui marche à côté de moi
Mais je ne puis changer de place sur le trottoir
Je ne puis pas mettre mes pieds dans ces pas-là
      et dire voilà c'est moi

Je me contente pour le moment de cette compagnie
Mais je machine en secret des échanges
Par toutes sortes d'opérations, des alchimies,
Par des transfusions de sang
Des déménagements d'atomes
     par des jeux d'équilibre

Afin qu'un jour, transposé,
Je sois porté par la danse de ces pas de joie
Avec le bruit décroissant de mon pas à côté de moi
Avec la perte de mon pas perdu
     s'étiolant à ma gauche
Sous les pieds d'un étranger
     qui prend une rue transversale.

Autres poèmes

[J'ai demandé soudain]

J'ai demandé soudain à la voix qui me hante
Qui donc es-tu, dis-moi pour me troubler ainsi
Tu me laisses toujours désespéré, transi
Et toujours me reprends par ton haleine ardente
Qui me grise et m'attire à son enchantement

Es-tu quelque mirage où la beauté se meut.

Le silence des maisons vides

Le silence des maisons vides
Est plus noir que celui qui dort dans les tombeaux,
Le lourd silence sans repos
Où passent les heures livides.

On dirait que, comme le vent
Qui siffle à travers les décombres
Des vieux moulins tout remplis d'ombre
Passe, toujours se poursuivant,

L'heure, passant par ce silence
Comme si le pendule lent
Qu'une antique horloge balance
La comptait à pas lourds et lents,

Passe sans rien changer aux choses
Dans un présent cristallisé
Où l'avenir et le passé
Seraient comme deux portes closes

Et dans ce silence béant
On dirait, tant le temps est lisse
Que c'est l'éternité qui glisse
À travers l'ombre du néant.

[Entre le ciel et l'eau]

Entre le ciel et l'eau, je suis entre le ciel
Qui est hier fixé dans l'azur du passé
Un ciel qui n'est pas immobile mais qui reste
Le même presque – Et l'eau de l'avenir qui fuit
                                    troublante et donne
le vertige, où se reflète le ciel d'hier
pareil, mais pas du tout de la même façon
Instable, comme glissant, d'un pas mal sûr
Inquiet comme se tenant sur une boule,
Et puis aussi selon les ondulations
Changeantes toutefois, plus profond ou plus clair,
Allongé par des bouts et raccourci par d'autres
Très incertain, assurément, très incertain
Et je me tiens ainsi, entre le ciel et l'eau
Appuyé tout contre le ciel sans empêcher
la clarté que je fais irrévocablement
Vers l'eau, vers l'eau mal sûre et pleine
d'inconnu, fascinante parfois ou qui fait peur
Selon que tel reflet s'allonge ou se restreint
prend toute la place ou la laisse à un autre
toujours selon les ondulations.

[Ô poésie enfin trouvée]

Ô poésie enfin trouvée! Ô bon dégoût qui vous déchire
Au fond, jusqu'au bout, dans la chair
Et qui vous éperonne l'âme qui rebondit
Enfin et se retrouve assise auprès de Dieu
Car dans toutes les plaies ouvertes et qui saignent
À travers la déchirure qu'elles font
Luit la lumière où toute vie change de face
Où toute la laideur qui faisait mal s'efface
Si qu'il ne reste enfin que la douleur qui fait du bien.

Ô poésie! tu m'apparais dans mon amour
Elle, le voile donc un ange en ma pensée
Car je suis dépouillé de toutes mes laideurs,
La faiblesse où je fus dans la fange et le sang,
Le mal autour et surtout le mal en moi se sont évanouis
Et par la déchirure transparaît la lumière
Métamorphosant tout. Et je vois clair enfin.

Ô poésie! c'est toi, Joie et Beauté, enfin!
De sorte qu'elle est ange, elle, la bien-aimée
Qui fut un jour aussi une femme de chair
Pour moi. Mais elle est ange, et ma rédemption
Celle-là dont la chair avait été complice
Avec ma chair à moi, dans ces jours aveuglés
Mais voici qu'elle est ange enfin dans la lumière
Et redevenus fiers, nous levons vers les cieux
Qui nous accueilleront, des regards pleins d'azur.
Elle qui fut mon lourd lien à ses péchés
Maintenant que le ciel est ouvert à nos pas

Sera comme une étoile intacte à mon ciel pur
Ah! Tu me guideras, cher cœur que je possède
De la bonne façon, vers la beauté suprême
Tu seras mon refuge au loin de la tempête
Qui gronde sans arrêt au bord de ma faiblesse
Tu seras cet amour et cette piété
Dans lesquels, te voyant en Dieu et Dieu en toi,
Je veux aller toujours vers la bonne Beauté.

Le seizième siècle

Je sors presque des cathédrales
Mais leur ombre n'est pas en moi
Leurs terreurs saintes, leurs émois
Et leurs chants ne sont pas en moi
Comme l'aurore boréale
Éclate au sommet de la nuit
Tel aux temps je m'épanouis
Contre l'ombre des cathédrales

[Quand la fatigue morne]

Quand la fatigue morne éteint l'avidité
L'âpre curiosité et le désir énorme
Lorsque les yeux vidés comme un phare sans feu
Ne découvrent plus rien au long des flots obscurs
Envahis tout à coup de brumes ténébreuses
L'esprit tel un coursier qui s'abat vers le soir
Rompu, bavant, et ne sent plus de tout,
De la route effrénée et du jour traversé
Que l'halètement sonore et douloureux
De son cœur sourd, trébuche et tombe à la renverse

Ma maison

Je veux ma maison bien ouverte,
Bonne pour tous les miséreux.

Je l'ouvrirai à tout venant
Comme quelqu'un se souvenant
D'avoir longtemps pâti dehors,
Assailli de toutes les morts
Refusé de toutes les portes
Mordu de froid, rongé d'espoir

Anéanti d'ennui vivace
Exaspéré d'espoir tenace

Toujours en quête de pardon
Toujours en chasse de péché.

[Quand loin de ton cœur]

Quand loin de ton cœur, ton cœur vénéré
Quand loin de ta chair, ta chair fraternelle
Quand loin de tes mains, colombes plus belles,
Quand loin de tes pieds, tes pieds adorés.
Quand loin de ta vie, ta vie désirée
Quand loin de tes jours je serai parti
Ils me resteront, tes yeux agrandis

Lassitude

Je ne suis plus de ceux qui donnent
Mais de ceux-là qu'il faut guérir.
Et qui viendra dans ma misère ?
Qui aura le courage d'entrer dans cette vie
                              à moitié morte ?
Qui me verra sous tant de cendres,
Et soufflera, et ranimera l'étincelle ?
Et m'emportera de moi-même,
Jusqu'au loin, ah ! au loin, loin !
Qui m'entendra, qui suis sans voix
Maintenant dans cette attente ?
Quelle main de femme posera sur mon front
Cette douceur qui nous endort ?
Quels yeux de femme au fond des miens,
au fond de mes yeux obscurcis,
Voudront aller, fiers et profonds,
Pourront passer sans se souiller,
Quels yeux de femme et de bonté
Voudront descendre en ce réduit
Et recueillir, et ranimer
et ressaisir et retenir
Cette étincelle à peine là ?
Quelle voix pourra retentir,
quelle voix de miséricorde
voix claire, avec la transparence du cristal
Et la chaleur de la tendresse,
Pour me réveiller à l'amour, me rendre à la bonté,
m'éveiller à la présence de Dieu dans l'univers ?

Quelle voix pourra se glisser, très doucement,
        sans me briser, dans mon silence intérieur ?

Les pins

Les grands pins, vous êtes pour moi semblables à la mer.
La rythmique lenteur de vos balancements,
Vos grands sursauts quand vous luttez contre le vent,
Vos rages soudaines,
Vos révoltes,
Ces grandes secousses qui jaillissent de vos racines,
De vos racines inébranlables,
Et tout le long du tronc,
Tout au long du centre résistant
(Les secousses qui s'amortissent dans les racines, dans
le tronc, où tout meurt dans la paix et le calme.)
S'en vont mourir à votre surface
Dans le vert glauque des feuillages
Qui frémissent au vent dur
Et votre faîte se renverse comme une tête cabrée.
Chaque tête de la forêt frémit,
Mais d'un frisson intérieur
Qui circule à travers le bois élastique des troncs
                                                    (tendus)
Dans la grande masse de la forêt
De sorte que c'est bien semblable à la mer.

[Allez-vous me quitter]

Allez-vous me quitter vous toutes les voix
Vais-je vous perdre aussi chacune et toutes
La symphonie et chaque parole
Mon cœur va-t-il être encore comme si vous n'étiez pas
Ce vide qui ne tient pas compte
Qui ne retient pas ce qui est.

Voix du vent

La grande voix du vent
Toute une voix confuse au loin
Puis qui grandit en s'approchant, devient
Cette voix-ci, cette voix-là
De cet arbre et de cet autre
Et continue et redevient
Une grande voix confuse au loin

Pins

Vert duvet
Bleus flocons légers
Contre les feuilles,
Argent vert

Silence

Toutes paroles me deviennent intérieures
Et ma bouche se ferme comme un coffre
                              qui contient des trésors
Et ne prononce plus ces paroles dans le temps,
                              des paroles en passage,
Mais se ferme et garde comme un trésor
                              ses paroles
Hors l'atteinte du temps salissant, du temps passager.
Ses paroles qui ne sont pas du temps
Mais qui représentent le temps dans l'éternel,
Des manières de représentants
Ailleurs de ce qui passe ici,
Des manières de symboles
Des manières d'évidences de l'éternité qui passe ici,
Des choses uniques, incommensurables,
Qui passent ici parmi nous mortels,
Pour jamais plus jamais,
Et ma bouche est fermée comme un coffre
Sur les choses que mon âme garde intimes,
Qu'elle garde
Incommunicables
Et possède ailleurs.

[Parole sur ma lèvre]

Parole sur ma lèvre déjà prends ton vol,
                             tu n'es plus à moi
Va-t'en extérieure, puisque tu l'es déjà
                                 ennemie,
Parmi toutes ces portes fermées.

Impuissant sur toi maintenant dès ta naissance
Je me heurterai à toi maintenant
Comme à toute chose étrangère
Et ne trouverai pas en toi de frisson fraternel
Comme dans une fraternelle chair qui se moule
                                 à ma chair
Et qui épouse aussi ma forme changeante.

Tu es déjà parmi l'inéluctable qui m'encercle
Un des barreaux pour mon étouffement.

Tous et chacun

Tous et chacun, chacun et tous, interchangeables
Deux mots,
Signes
De l'ineffable identité
Où prend lumière tout le poème

Nature, tu m'as chanté
Le duo à voix équivoques,
Immatériel balancement
Par-delà l'opacité du nombre,
Flux et reflux de la même onde, ô l'onde unité,
Vagues renaissantes infiniment
Et pour rôle de dérouler
La lumière jusque sur le rivage

Celui-ci, celui-là, faites-vous plus qu'une seule chair
Pour l'amour de mon âme qui vous maria.

Tous et chacun réversibles,
Et je n'ai pu souvent pour cet échange
Que vous accoupler.

Glissement

Qu'est-ce que je machine à ce fil pendu
À ce fil une étoile à la lumière,
Vais-je mourir là pendu
Ou mourir un noyé fatigué de l'épave
Glissement dans la mer qui vous enveloppe
Une véritable sœur enveloppante
Et qui transpose la lumière en descendant
La conserve à vos yeux pour les emplir

Souviens-toi de la mer qui t'a bercé,
Vieux mort bercé au glissement de ce parcours
Accompagné de lumière verte,
Qui troublas d'un remous l'ordonnance de ses réseaux
À travers les couches de l'onde innombrable ;
Et maintenant dans les fonds calmes caressé d'algues
Souviens-toi des vagues et leurs bercements
Vieux mort enfoui dans les silences sous-marins.

La flûte

Si près de l'émotion :
Le souffle est là, la flûte l'épouse,
Tout près,
Tout contre le souffle.

[Te voilà verbe]

Te voilà verbe en face de mon être
                          un poème en face de moi
Par une projection par-delà moi
                          de mon arrière-conscience
Un fils tel qu'on ne l'avait pas attendu
Être méconnaissable, frère ennemi.
Et voilà le poème encore vide qui m'encercle
Dans l'avidité d'une terrible exigence de vie,
M'encercle d'une mortelle tentacule,
Chaque mot une bouche suçante, une ventouse
Qui s'applique à moi
Pour se gonfler de mon sang.

Je nourrirai de moelle ces balancements.

Angoisse

Et ma douleur même et cette soif se désagrègent
Et me voilà dans une grande chambre vide
Condensant quelques phrases d'un livre

[Quant à toi]

Quant à toi dépasse la tour,
Allonge la main au faîte de la tour
Et fais signe à ceux qui n'ont pas de vue au-dedans.

Fais ce silence et parle ces signes
Afin qu'on sache qu'il est des choses dans la tour
Que là-dedans vit quelque chose qu'on ne voit pas
Mais existe, une perle précieuse.

Mains

Mes mains ne vous embrassez pas
Ce soir que ma vie flue par tous mes pores
Ne vous embrassez pas dans le stérile embrassement
                                    de vous-mêmes
Mais joignez-vous saintes que vous pouvez être
Joignez-vous je vous prie
Ô saintes mains
Pour l'impondérable prière
Et tantôt ouvrez-vous claires
Pour le rayonnement de ce que vous reçûtes

Lanternes

Vieilles
Pauvres lumières pendues
Immobiles parmi la fumée
Comme des silences perdus
Qu'est-ce que vous faites là, et qu'est-ce
Je vous prie que vous regardez
Lumières pendues mortes

La tristesse comme vous des sourires tout faits
Et des regards alentour
Comme vous suspendus
Aux seins branlants des danseuses de bazar

Rouges et vertes et bleues
Pauvres que vous êtes
Vieilles,
Mortes.

[Je me sens balancer]

Je me sens balancer à la cime d'un arbre
Non ces voix de femmes vous n'entamerez pas
La pureté de mon chant
Et si vous m'êtes hier fraternelles
Cette chaleur étouffée où je m'endormirais
J'ai trouvé ce soir dans ce cimier
Parmi le froissement des feuilles comme une onde
Le refuge parmi l'air clair espéré
La vie dans le souvenir de la fraîcheur.

[Je sors vous découvrir]

Je sors vous découvrir ailleurs les poètes
Chacun ailleurs en dehors de cette petite vie
J'irai vous découvrir parmi la vie de tout le monde
Et la mort de tout le monde
Où tous ont étalé la fuite de leur vie sur le plancher
Pas chez moi, je vous en prie.

C'est là que vous allez vous éveiller
Me décomposer tout l'univers
Devant moi et le reconstruire
À débordement de tous cadres.

Baigneuse

Ah le matin dans mes yeux sur la mer
Une claire baigneuse a ramassé sur elle
    toute la lumière du paysage.

Musique

Musique pour moi ce soir, lointaine,
Dévoilée au loin tu transportes là-bas mon âme
Chanson des collines rythmes
Que la distance réunit en ces faisceaux
Bouquet du paysage horizontal.

Est-ce que les enfants n'entendent pas cela
                                        tout le jour
Et les anges,
Ces paysages réunis dans une seule lumière

*

Tu me parles paroles inouïes,
Bouleversements de tout le cœur,
Bercements jusqu'à l'infini des espoirs commencés,
Des amours esquissées à peine enveloppées d'un geste
Et qu'un désir à peine a fleuris dans mes yeux

Et les départs à peine pour de lointaines contrées
Sourires dans l'inconnu

Ou larmes vous si cherchées
Larmes à boire liqueur enivrante du cœur
Qui coulez en dedans
Jusqu'au trop plein de ce cœur qui s'écroule
Adorable mine.

Et ces fureurs

*

Que je t'accueille amie
Tu feras divine la torture
Et cet amour mort comme un pays
Épanoui qui se déroule au soleil immobile
D'un jour que les heures n'ont pas mangé
Tu rendras sang à ces souvenirs
Déjà qui s'estompent
Ou qui restent dans la chambre au fond

De ce cœur toujours désaffecté
Où passèrent tant de rosées sans fleurir
Et fleurs sans cœur au sein de la corolle
Et corolles trop tôt fanées déjà
Qui êtes tombées au milieu même de ces bercements
Prodigués par l'air du soir à votre soif
Et de ce désaltèrement de la matinale fraîcheur

*

Musique pour moi tu donnes ce soir
Vie ailleurs quasiment saintement joie (ailleurs)
À ces choses mortes hier
À ces commencements de jours mort-nés
À ces espoirs enfin de fidélité parmi la ferveur
Et renouvellement de toute la terre à l'aurore

Musique chère sœur,
Amie ce soir bientôt délaissée

*

Et tu m'emplis, moi bassin
Toi fontaine comme inépuisable de là-haut
Par ton inépuisable source d'on ne sait où.

*

Te voilà mienne en mes mains, ces âmes méritantes
                                    de mon corps,
Mienne éternelle en passage
Par ces mains-ci, par ces quêteuses de tendresse
Et que rien n'a comblées
Nécessitées à des plénitudes absolues
Mains qui ne sont pas heureuses.

Ces tristes voyez-vous, ces vides
Voulantes assoiffées mains désirantes
À qui je dis ce soir de se taire et que ce ne seront
                                    pas elles
Ces mains de chair pâles
Qui posséderont.

*

Tu transformes ce désir perdu
Éparpillé poussière à tous les vents de la journée
En celui de saisir et posséder ici ma vie
Ma vie inaccessible et mon âme trop lointaine

De les posséder enfin des fleurs

[C'est eux qui m'ont tué]

C'est eux qui m'ont tué
Sont tombés sur mon dos avec leurs armes, m'ont tué
Sont tombés sur mon cœur avec leur haine, m'ont tué
Sont tombés sur mes nerfs avec leurs cris, m'ont tué

C'est eux en avalanche m'ont écrasé
Cassé en éclats comme du bois

Rompu mes nerfs comme un câble de fil de fer
Qui se rompt net et tous les fils en bouquet fou
Jaillissent et se recourbent, pointes à vif

Ont émietté ma défense comme une croûte sèche
Ont égrené mon cœur comme de la mie
Ont tout éparpillé cela dans la nuit

Ils ont tout piétiné sans en avoir l'air,
Sans le savoir, le vouloir, sans le pouvoir,
Sans y penser, sans y prendre garde
Par leur seul terrible mystère étranger
Parce qu'ils ne sont pas à moi venus m'embrasser

Ah! dans quel désert faut-il qu'on s'en aille
Pour mourir de soi-même tranquillement.

[On dirait que sa voix]

On dirait que sa voix est fêlée
Déjà ?
Il rejoint parfois l'éclat du rire
Mais quand il est fatigué
Le son n'emplit pas la forme
C'est comme une voix dans une chaudière
Cela s'arrête au milieu
Comme s'il ravalait le bout déjà dehors
Cela casse et ne s'étend pas dans l'air
Cela s'arrête
        et c'est comme si ça n'aurait pas dû commencer
C'est comme si rien n'était vrai

Moi qui croyais que tout est vrai à ce moment
Déjà ?
Alors, qu'est-ce qui lui prend de vivre
Et pourquoi ne s'être pas en allé ?

[Au moment qu'on a fait la fleur]

Au moment qu'on a fait la fleur
De tout notre amour plongé en elle
Quand la fatigue tout à coup la fane entre nos doigts
Quand la fatigue tout à coup surgit alentour
Et s'avance sur nous comme un cercle qui se referme
L'ennemie qu'on n'attendait pas s'avance
Et commence par effacer le monde hors de nous
Efface le monde en s'approchant,
Vient effacer la fleur entre nos mains
Où notre amour était plongé et fleurissait
Notre amour alors dépossédé rentre en nous
Reflue en nous et nous prend au dépourvu
Nous gonfle d'un flot trop lourd
Nous abat d'un vertige inattendu
Et nous sommes épouvantés
Et comme désarmés devant cette parole
Devant la tristesse de la parole de la chair
Qu'on n'attendait pas et qui nous frappe
                    comme un soufflet au visage.

[Identité]

Identité
Toujours rompue

Le pas étrange de notre cœur
Nous rejoint à travers la brume
On l'entend
   quel drôle de cadran

Le nœud s'est mis à sentir
Les tours de corde dont il est fait

Une chambre avec meubles
Le cadran sur la console
Tout cela fait partie de la chambre
On regarde par la fenêtre
On vient s'asseoir à son bureau
On travaille
On se repose
Tout est tranquille

Tout à coup : tic tac
L'horloge vient nous rejoindre par les oreilles
Vient nous tracasser par le chemin des oreilles
Il vient à petits coups
Tout casser la chambre en morceaux

On lève les yeux ; l'ombre a bougé la cheminée
L'ombre pousse la cheminée
Les meubles sont tout changés

Et quand tout s'est mis à vivre tout seul
Chaque morceau étranger
S'est mis à contredire un autre

Où est-ce qu'on reste
Qu'on demeure
Tout est en trous et en morceaux.

[Un poème a chantonné tout le jour]

Un poème a chantonné tout le jour
    Et n'est pas venu
On a senti sa présence tout le jour
    Soulevante
Comme une eau qui se gonfle
    Et cherche une issue
Mais cela s'est perdu dans la terre
    Il n'y a plus rien

On a marché tout le jour comme des fous
Dans un pressentiment d'équilibre
Dans une prévoyance de lumière possible
Comme des fous tout à coup attentifs
À un démêlement qui se fait dans leur cerveau
À une sorte de lumière qui veut se faire
Comme s'ils allaient retrouver ce qui leur manque
La clef du jour et la clef de la nuit
Mais ils s'affolent de la lenteur du jour à naître
Et voilà que la lueur s'en re-va
S'en retourne dans le soleil hors de vue
Et une porte d'ombre se referme
Sur la solitude plus abrupte
Et plus incompréhensible.

Le silence strident comme une note unique
    qui annihile le monde entier
La clef de lumière qui manque
    au coffre de tous les trésors

[Ah ! ce n'est pas la peine]

Ah ! ce n'est pas la peine qu'on en vive
Quand on en meurt si bien
Pas la peine de vivre
Et voir cela mourir, mourir
Le soleil et les étoiles

Ah ! ce n'est pas la peine de vivre
Et de survivre aux fleurs
Et de survivre au feu, des cendres
Mais il vaudrait si mieux qu'on meure
Avec la fleur dans le cœur
Avec cette éclatante
Fleur de feu dans le cœur.

[Figures à nos yeux]

Figures à nos yeux
Figures surgies
À peine
Et qui ne quittez pas encore l'ombre
Quel désir vous attire
À percer l'ombre
Et quelle ombre vous retire
Évanescentes à nos yeux

Figures balancées
Aux confins du visible et qui surgissez
En un jeu de vous voiler et dévoiler
Vous venez mourir ici sur le bord
                            d'un sourire imaginaire
Et nous envelopper dans la chaleur de votre gravité
Balancement entre l'apparence et l'adieu
Vous nous quittez et vos yeux n'auront pas regardé
Mais nous serons tombés dedans comme dans la nuit.

[Mes paupières en se levant]

Mes paupières en se levant ont laissé vides mes yeux
Laissé mes yeux ouverts dans une grande solitude
Et les serviteurs de mes yeux ne sont pas allés
Mes regards ne sont pas allés comme des glaneuses
Par le monde alentour
Faire des gerbes lourdes de choses
Ils ne rapportent rien pour peupler mes yeux déserts
Et c'est comme exactement s'ils étaient demeurés
                                  en dedans
Et que la porte fût restée fermée.

Ma solitude n'a pas été bonne

Ma solitude au bord de la nuit
N'a pas été bonne
Ma solitude n'a pas été tendre
À la fin de la journée au bord de la nuit
Comme une âme qu'on a suivie sans plus attendre
L'ayant reconnue pour sœur

Ma solitude n'a pas été bonne
Comme celle qu'on a suivie
Sans plus attendre choisie
Pour une épouse inébranlable

Pour la maison de notre vie
Et le cercueil de notre mort
Gardien de nos os silencieux
Dont notre âme se détacha.

Ma solitude au bord de la nuit
N'a pas été cette amie
L'accompagnement de cette gardienne

La profondeur claire de ce puits
Le lieu de retrait de notre amour
Où notre cœur se noue et se dénoue
Au centre de notre attente

Elle est venue comme une folie par surprise
Comme une eau qui monte
Et s'infiltre au-dedans

Par les fissures de notre carcasse
Par tous les trous de notre architecture
Mal recouverte de chair
Et que laissent ouverte
Les vers de notre putréfaction.

Elle est venue une infidélité
Une fille de mauvaise vie
Qu'on a suivie
Pour s'en aller
Elle est venue pour nous ravir
Dans le cercle de notre lâcheté
Et nous laisser désemparés
Elle est venue pour nous séparer.

Alors l'âme en peine là-bas
C'est nous qu'on ne rejoint pas
C'est moi que j'ai déserté
C'est mon âme qui fait cette promenade cruelle
Toute nue au froid désert
Durant que je me livre à cet arrêt tout seul
À l'immobilité de ce refus
Penché mais sans prendre part au terrible jeu
À l'exigence de toutes ces peines
Secondes irremplaçables.

[Et cependant dressé en nous]

Et cependant dressé en nous
Un homme qu'on ne peut pas abattre
Debout en nous et tournant le dos à la direction
                                    de nos regards
Debout en os et les yeux fixés sur le néant
Dans une effroyable confrontation obstinée et un défi.

[Et jusqu'au sommeil]

Et jusqu'au sommeil perdu dont erre l'ombre
autour de nous sans nous prendre
Estompe tout, ne laissant que ce point en moi
lourd lourd lourd
Qui attend le réveil au matin pour se mettre
tout à fait debout
Au milieu de moi détruit, désarçonné, désemparé,
agonisant.

[À propos de cet enfant]

À propos de cet enfant qui n'a pas voulu mourir
Et dont on a voulu choyer au moins l'image
     comme un portrait dans un cadre dans un salon
Il se peut que nous nous soyons trompés
       exagérément sur son compte.
Il n'était peut-être pas fait pour le haut sacerdoce
          qu'on a cru
Il n'était peut-être qu'un enfant comme les autres
Et haut seulement pour notre bassesse
Et lumineux seulement pour notre grande ombre
        sans rien du tout
(Enterrons-le, le cadre avec et tout)

Il nous a menés ici comme un écureuil qui nous perd
      à sa suite dans la forêt
Et notre attention et notre ruse s'est toute gâchée
     à chercher obstinément dans les broussailles
Nos yeux se sont tout énervés à chercher son saut
      ici et là dans les broussailles à sa poursuite.

Toute notre âme s'est perdue à l'affût
    de son passage (qui nous a) perdus
Nous croyions découvrir le monde nouveau
        à la lumière de ses yeux
Nous avons cru qu'il allait nous ramener
       au paradis perdu.

Mais maintenant enterrons-le, au moins le cadre
       avec l'image

Et toutes les tentatives de routes
    que nous avons battues à sa poursuite
Et tous les pièges attrayants que nous avons tendus
                          pour le prendre.

[Une sorte de repos]

Une sorte de repos
à regarder un ciel passant

Tout ce qui pèse fut relégué
Le désespoir pas de bruit dort sous la pluie

La Poésie est une Déesse
dont nous avons entendu parler

Son corps trop pur pour notre cœur
Dort tout dressé
Par bonheur c'est de l'autre côté

Nous n'entreprendrons pas maintenant
De lui voler des bijoux
qu'elle n'a pas étant nue.

Dilemme

Mais les vivants n'ont pas pitié des morts
Et que feraient les morts de la pitié des vivants
Mais le cœur des vivants est dur comme un bon arbre
      et ils s'en vont forts de leur vie
Pourtant le cœur des morts est déjà tout en sang
      et occupé d'angoisse depuis longtemps
Et tout en proie aux coups, trop accessible aux coups
      à travers leur carcasse ouverte
Mais les vivants passant n'ont pas pitié des morts
      qui restent avec leur cœur au vent sans abri.

[Il y a certainement]

Il y a certainement quelqu'un qui se meurt
J'avais décidé de ne pas y prendre garde et de laisser
                tomber le cadavre en chemin
Mais c'est l'avance maintenant qui manque
                et c'est moi
Le mourant qui s'ajuste à moi.

[Il vient une belle enfant]

Il vient une belle enfant avec des yeux neufs
                    pour visiter
– Nous allons vous faire visiter nos cercueils
Ce n'est pas un bien beau pays mais nous
                    allons vous le faire voir.
Nous sommes un peu surpris de votre venue,
                    nous n'attendions plus rien.

– Non, je ne veux pas plutôt les prairies à la lumière
– Nous mourrions à la lumière, vous n'y pensez pas.
  C'est hors de question.
– Alors j'aime mieux m'en aller...

[Des navires bercés]

Des navires bercés dans un port
    Doux bercement avec des souvenirs de voyages

Puis on trouve seuls les souvenirs errants
    qui reviennent et ne trouvent pas de port
    souvenirs sans port d'attache
    Trouvent le port déserté
        Un grand lieu vide sans vaisseaux.

[Quand on est réduit à ses os]

Quand on est réduit à ses os
Assis sur ses os
couché en ses os
avec la nuit devant soi.

[Nous avons attendu de la douleur]

Nous avons attendu de la douleur
Qu'elle modèle notre figure à la dureté magnifique
                                        de nos os
Au silence irréductible et certain de nos os
À ce dernier retranchement inexpugnable de notre être
Qu'elle tende à nos os clairement la peau de nos figures
La chair lâche et troublée de nos figures
    qui crèvent à tout moment et se décomposent
Cette peau qui flotte au vent de notre figure,
                                    triste oripeau.

[Bout du monde!]

Bout du monde! Bout du monde! Ce n'est pas loin!
On croyait au fond de soi faire un voyage
                                    à n'en plus finir
Mais on découvre la platitude de la terre
        La terre notre image
Et c'est maintenant le bout du monde cela
        Il faut s'arrêter
        On en est là

Il faut maintenant savoir entreprendre le pèlerinage
Et s'en retourner à rebrousse pas de notre venue
Avec le dépit à nos trousses de cette déconvenue
Et s'en retourner à contre-courant de notre mirage
Sans tourner la tête aux nouvelles voix de notre richesse
On a déjà trop attendu au bord d'un arrêt tout seul
On a déjà perdu trop de cœur à s'arrêter.

Nous groupons alentour de l'espace de ce que nous
                                    n'avons pas
La réalité définitivement acceptable de ce que nous
                                    pourrions avoir
Des colonies et des possessions
                        et toute une ceinture d'îles
Faites à l'image et amorcées par ce point
        au milieu central de ce que nous n'avons pas
        Qui est le désir.

[Nous des ombres]

Nous des ombres de cadavres elles des réalités
                       de cadavres, des os de cadavres,
Et quelle pitié nous prend (et quelle admiration)
                       ombres consciences de cadavres
Et terreur fraternelle nous prend
Devant cette réponse faite
Cette image offerte
Os de cadavres.

[C'en fut une de passage]

C'en fut une de passage
    dans notre monde
Une fin de semaine une heure
    quelle importance a le temps
Pour visiter notre monde notre ville
    notre espèce de monde

À vrai dire c'est une reine qui a le droit de vivre
Cette visite nous a fait plaisir malgré notre
    crainte des vivants
Quand elle est venue cela a bien fait
    un peu mal à nos yeux
Mais cela a fait à nos yeux du bien

Elle nous a dit faites-moi visiter
Elle ne nous a pas connus tels que nous étions
Étant tout à son désir et sa curiosité
Elle nous a dit faites-moi visiter le monde
Nous l'avons prise par la main alors
Un peu mal à l'aise parce qu'elle n'était pas
                une compagnie familière
Et que son pas n'avait pas la même allure que le nôtre
Nous sommes un peu trop habitués à l'allure
              de notre propre pas
Les reines nous déconcertent quelque peu

Autre Icare

Cela tient du vent, cela tient au vent.
Cela n'est qu'un accroc que l'on fait au passage,
Un nœud que l'on fait au fil fugace du temps

Et nous sentons bien qu'à travers
                              ce mince filet qu'on a fait,
Ces faibles appuis qu'on a pris
                              sur le cours de notre en-allée
Et ces liens ingénieux tendus
                              à travers des espaces trop vides,

Il n'y a qu'un cri au fond qui persiste,
Il n'y a qu'un cri d'un lien persistant

Où les tiges des fruits sont déjà rompues,
Tes attaches des fleurs et pétales de fleurs sont
                                        déjà rongés,
Où ces ailes de plume de notre cœur de cire sont
                                        déjà détachées
Et plumes au vent, plumes flottant au vent
                              par-dessus cette noyade
    Sans port d'attache.

[Je regarde en ce moment]

Je regarde en ce moment sur la mer et je vois
    un tournoiement d'oiseaux
Alentour de je ne sais quel souvenir des mâts
    d'un bateau péri
Qui furent sur la mer jadis leur port d'attache

Et c'est à ce moment aussi que j'ai vu fuir
Un bateau fantôme à deux mâts déserts
Que les oiseaux n'ont pas vu, n'ont pas reconnu
Alors il reste dans le ciel sur la mer
Un tournoiement d'oiseaux sans port d'attache.

Inventaire

Cet enfant qu'on a dit
           n'a pas eu le sort qu'il fallait

Il est venu au monde dans les conditions décevantes

Au milieu d'horribles animaux dont les pires
           ne sont pas les bêtes féroces
Qui l'eussent (peut-être) mangé en bas âge
           pour son plus grand bien
Mais il y a tous les rongeurs qui ne changent
           rien à l'affaire.

[Nous allons détacher nos membres]

Nous allons détacher nos membres et les mettre
    en rang pour en faire un inventaire
Afin de voir ce qui manque
De trouver le joint qui ne va pas
Car il est impossible de recevoir assis tranquillement
    la mort grandissante.

[Le bleu du ciel]

Le bleu du ciel et la lumière coulant en nous
nous avaient servi d'espérance durant ce jour
Mais nous avons eu toutefois toujours la crainte
secrète
qui ne nous quitte plus de ce retour au port
de notre désolation
Où nous sommes arrivés maintenant malgré la beauté
de la nuit qu'il fait par-dessus nous
Retirés de la haute mer, de notre repos sur la mer
de tous nos voyages sur la mer vaste et claire
Par on ne sait quel courant contraire derrière nous qui
nous reprend avec une obstination désespérante
Et nous reporte à l'écrasement de ce maelström
Lequel nous relâche à la surface au moment où nous
allions enfin périr.

Monde irrémédiable désert

Dans ma main
Le bout cassé de tous les chemins

Quand est-ce qu'on a laissé tomber les amarres
Comment est-ce qu'on a perdu tous les chemins

La distance infranchissable
Ponts rompus
Chemins perdus

Dans le bas du ciel, cent visages
Impossibles à voir
La lumière interrompue d'ici là
Un grand couteau d'ombre
Passe au milieu de mes regards

De ce lieu délié
Quel appel de bras tendus
Se perd dans l'air infranchissable

La mémoire qu'on interroge
A de lourds rideaux aux fenêtres
Pourquoi lui demander rien ?
L'ombre des absents est sans voix
Et se confond maintenant avec les murs
De la chambre vide.

Où sont les ponts les chemins les portes
Les paroles ne portent pas
La voix ne porte pas

Vais-je m'élancer sur ce fil incertain
Sur un fil imaginaire tendu sur l'ombre
Trouver peut-être les visages tournés
Et me heurter d'un grand coup sourd
Contre l'absence

Les ponts rompus
Chemins coupés
Le commencement de toutes présences
Le premier pas de toute compagnie
Gît cassé dans ma main.

[Après tant et tant de fatigue]

Après tant et tant de fatigue
Espoir d'un sommeil d'enfant

Un repos enfin meilleur
Après tous les sommeils noirs
Un bon repos nous invite

Ce soir à la fraîcheur des draps
La blancheur de l'oreiller
À l'abandon de la nuit

Au bonheur de s'endormir
Le cœur déjà délié
L'âme déjà allégée

Misérable dépaysé
Par le bonheur d'aller dormir

Non plus le plongeon de rage dans le noir
Non plus la fin du courage
Non plus la mort au mirage
Désespoir

Ma misère est effacée
Mais qui nous a visité
Et comment renouvelé

Pour que nous retrouvions ce soir
Confiance et la chaleur

De s'endormir en oiseau
D'être enfant pour s'endormir
Dans la fraîcheur de son lit
Dans la bonté protectrice
Qui flotte deux dans le noir

Qui nous a renouvelé
Sainte Vierge ? Mes souliers
Sont sous mon lit doucement

Qui nous a tout récemment
Retourné si simplement
Tout faux détour effacé
Reposé si simplement
En ce lieu d'être un enfant
Qui s'endort doux et confiant

S'endormir à cœur ouvert
Mince feuille, endroit, envers
De s'en aller en sommeil
En musique de sommeil
Par ondes qui nous pénètre
Simplement et bonnement
Comme on s'en irait au ciel.

[À part vingt-cinq fleurs]

À part vingt-cinq fleurs qui ont brûlé pendant
    le jour le jardin est beau
À part vingt-cinq fleurs qui sont fanées
Et nous partons faire
Une promenade parfaite comme s'il ne manquait rien

Mais nous sentons bien
Malgré la fraîcheur du soir qui se dévoile
Et la parfaite cadence voulue de nos pas
En nous se glisser le poids des fleurs mortes
Se glisser en nous
Vingt-cinq fleurs tombées dans un coin du jardin
Qui font pencher en nous tout le jardin
Qui font chavirer en nous tout le jardin
Crouler tout le jardin

[Après les plus vieux vertiges]

Après les plus vieux vertiges
Après les plus longues pentes
Et les plus lents poisons
Ton lit certain comme la tombe
Un jour à midi
S'ouvrait à nos corps faiblis sur les plages
Ainsi que la mer.

Après les plus lentes venues
Les caresses les plus brûlantes
Après ton corps une colonne
Bien claire et parfaitement dure
Mon corps une rivière étendue
　　　　　et dressé pur jusqu'au bord de l'eau.

Entre nous le bonheur indicible
D'une distance
Après la clarté du marbre
Les premiers gestes de nos cris
Et soudain le poids du sang
S'écroule en nous comme un naufrage
Le poids du feu s'abat sur notre cœur perdu

Après le dernier soupir
Et le feu a chaviré l'ombre sur la terre
Les amarres de nos bras se détachent
                              pour un voyage mortel
Les liens de nos étreintes tombent d'eux-mêmes
                    et s'en vont à la dérive sur notre couche
Qui s'étend maintenant comme un désert
Tous les habitants sont morts
Où nos yeux pâlis ne rencontrent plus rien
Nos yeux crevés aux prunelles de notre désir
Avec notre amour évanoui comme une ombre
                                        intolérable
Et nous sentions notre isolement s'élever
                          comme un mur impossible

Sous le ciel rouge de mes paupières
Les montagnes
Sont des compagnes de mes bras
Et les forêts qui brûlent dans l'ombre
Et les animaux sauvages
Passant aux griffes de tes doigts
Ô mes dents
Et toute la terre mourante étreinte

Puis le sang couvrant la terre
Et les secrets brûlés vifs
Et tous les mystères déchirés
Jusqu'au dernier cri la nuit est rendue

C'est alors qu'elle est venue
Chaque fois
C'est alors qu'elle passait en moi
Chaque fois
Portant mon cœur sur sa tête
Comme une urne restée claire.

[Leur cœur est ailleurs]

Leur cœur est ailleurs
Au ciel peut-être
Elles errent ici en attendant
Mon cœur est parmi d'autres astres parti
Loin d'ici
Et sillonne la nuit d'un cri que je n'entends pas
Quel drame peut-être se joue au loin d'ici ?
       Je n'en veux rien savoir
Je préfère être un jeune mort étendu
Je préfère avoir tout perdu.

Pour chapeau le firmament
Pour monture la terre
Il s'agit maintenant
De savoir quel voyage nous allons faire
Je préfère avoir tout perdu
Je préfère être un jeune mort étendu
Sous un plafond silencieux
À la lumière longue et sans heurt de la veilleuse
Ou peut-être au profond de la mer
Dans une clarté glauque qui s'efface
Durant un long temps sans heures et sans lendemain
De belles jeunes mortes, calmes et soupirantes
Glisseront dans mes yeux leurs formes déjà lointaines
Après avoir baisé ma bouche sans un cri
Avoir accompagné les rêves de mes mains
Aux courbes sereines de leurs épaules
            et de leurs hanches
Après la compagnie sans cri de leur tendresse

Ayant vu s'approcher leur forme sans espoir
Je verrai s'éloigner leur ombre sans douleur…

[L'avenir nous met en retard]

L'avenir nous met en retard
Demain c'est comme hier on n'y peut pas toucher
On a la vie devant soi comme un boulet lourd
                                        aux talons
Le vent dans le dos nous écrase le front contre l'air

    On se perd pas à pas
    On perd ses pas un à un
    On se perd dans ses pas
    Ce qui s'appelle des pas perdus

Voici la terre sous nos pieds
Plate comme une grande table
Seulement on n'en voit pas le bout
(C'est à cause de nos yeux qui sont mauvais)

On n'en voit pas non plus le dessous
D'habitude
Et c'est dommage
Car il s'y décide des choses capitales
À propos de nos pieds et de nos pas
C'est là que se livrent des conciliabules géométriques
Qui nous ont pour centre et pour lieu
C'est là que la succession des points devient une ligne
Une ficelle attachée à nous
Et que le jeu se fait terriblement pur
D'une implacable constance dans sa marche
                                        au bout qui est le cercle
    Cette prison.

Vos pieds marchent sur une surface dure
Sur une surface qui vous porte comme un empereur
Mais vos pas à travers tombent dans le vide
                                        pas perdus

Font un cercle
    et c'est un point
On les place ici et là, ailleurs,
    à travers vingt rues qui se croisent
Et l'on entend toc toc sur le trottoir
    toujours à la même place
Juste au-dessous de vos pieds

Les pas perdus tombent sous soi dans le vide
    et l'on croit qu'on ne va plus les rencontrer
On croit que le pas perdu c'est donné une fois
    pour toutes perdu une fois pour toutes
Mais c'est une bien drôle de semence
Et qui a sa loi
Ils se placent en cercle et vous regardent avec ironie
Prisonnier des pas perdus.

[Un bon coup de guillotine]

Un bon coup de guillotine
Pour accentuer les distances

Je place ma tête sur la cheminée
Et le reste vaque à ses affaires

Mes pieds s'en vont à leurs voyages
Mes mains à leurs pauvres ouvrages

Sur la console de la cheminée
Ma tête a l'air d'être en vacances

Un sourire est sur ma bouche
Tel que si je venais de naître

Mon regard passe, calme et léger
Ainsi qu'une âme délivrée

On dirait que j'ai perdu la mémoire
Et cela fait une douce tête de fou.

[Le diable, pour ma damnation]

Le diable, pour ma damnation,
M'a laissé entrevoir la scène
Par l'ouverture des rideaux.
Il a, en se jouant de moi,
Soulevé le bord du voile
Qui cache la vie.
Oh! pas longtemps!
Juste à peine ce qu'il faut
Pour me laisser appréhender
Ce qui est de l'autre côté
Et aiguiser, et mettre en branle
La curiosité,
Cette soif qui noya Ève, notre mère,
Dans le péché.
Juste à peine pour entrevoir
La fascination de la nuit,
La splendeur du jour éternel
L'étonnante réalité.
Juste à peine pour que j'entende
Le chœur des oiseaux et des fées
L'harmonie universelle
De ces couleurs et de ces chants.
....
Et je reste là dans la salle,
Les yeux ouverts, les oreilles attentives,
Affamé, rongé d'attente,
À mesure que le désespoir grimpe en moi,
Séché de soif et de cette attention vers la commissure
    des rideaux, me disant : " Est-ce le moment ?

voilà ! Les rideaux vont s'écarter. Je vais voir,
je vais entendre !
Je vais toucher des yeux la vie !
Un frisson court dans les rideaux ;
Ils vont s'ouvrir ! Sois attentif ! cela ne durera peut-être
qu'une fraction de moment, qu'un sourire, un
sanglot, qu'un bond !
Voilà le temps ! le rideau bouge ! "
Mais rien ! peut-être un courant d'air,
Un frisson d'air à la surface !
Et puis, après, quand c'est trop long, vraiment, quand
ça n'en finit plus d'être fermé, quand on est
épuisé jusqu'au bout d'attendre,
Je dis à mon cœur : "Non, viens-t'en
Tu sais bien que tout cela est une mystification,
Un piège, une plaisanterie.
Tu vois bien, regarde-nous, que nous mourons ici
Viens-t'en, mon cœur, allons-nous-en ! "
Mais au moment où mon cœur cède,
Qu'il n'a plus la force de résister,
Qu'il est malade, comme exsangue,
Au moment où le prend le goût de guérir, de sortir, de
respirer,
De s'adoucir, se résigner,
Voilà que les maudits rideaux
S'écartent,
Laissent apercevoir
Encore le jour, encore la nuit,
Et laissent s'échapper le chant, une maladie commencée,
une aurore qui s'avance à peine
Une lumière qui s'en vient
Un beau contour qui se précise une danse esquissée...
....

Quelle extase ! Nous sommes ivres,
Mon cœur et moi, nous sommes fous !
  Et nous demeurons dans la salle.
Quoique le voile soit tombé.
Et nous regardons avidement
La place maintenant bouchée,
Le rideau maintenant fermé.
" Va-t-il s'ouvrir bientôt ? Demain ? "
Et le diable continue ainsi toujours à cent reprises son
  manège.
Je l'entends rire dans les coulisses,
Et s'amuser de notre mort à petit feu, à mesure qu'il
  voit surgir la folie au fond de nos yeux agrandis
Il sait bien que nous sommes dupes,
Et c'est son plaisir.
Nous le savons aussi d'ailleurs, mais nous ne voulons
  pas y croire tout à fait parce qu'il faudrait renoncer
Et s'en aller
Alors que le voile sera peut-être levé dans un instant,
  et pour toujours !

[Mon dessein]

Mon dessein n'est pas un très bel édifice
    bien vaste, solide et parfait
Mais plutôt de sortir en plein air

Il y a les plantes, l'air et les oiseaux
Il y a la lumière et ses roseaux
Il y a l'eau
Il y a dans l'eau, dans l'air et sur la terre
Toutes sortes de choses et d'animaux
Il ne s'agit pas de les nommer, il y en a trop
Mais chacun sait qu'il y en a tant et plus
Et que chacun est différent, unique
On n'a pas vu deux fois le même rayon
Tomber de la même façon dans la même eau
De la fontaine

Chacun est unique et seul

Moi j'en prends un ici
J'en prends un là
Et je les mets ensemble pour qu'ils se tiennent compagnie

Ça n'est pas la fin de la nuit,
Ça n'est pas la fin du monde !
C'est moi.

[Il nous est arrivé des aventures]

Il nous est arrivé des aventures du bout du monde
Quand on vient de loin ce n'est pas pour rester là
(Quand on vient de loin nécessairement
                        c'est pour s'en aller)
Nos regards sont fatigués d'être fauchés
                        par les mêmes arbres
Par la scie contre le ciel des mêmes arbres
Et nos bras de faucher toujours à la même place.
Nos pieds n'étaient plus là pour nous attacher
                        dans la terre
Ils nous attiraient tout le corps pour des journées
                        à perte de vue.

Il nous est arrivé des départs impérieux
Depuis le premier jusqu'à n'en plus finir
À perte de vue dans l'horizon renouvelé
Qui n'est jamais que cet appel au loin
                        qui module le paysage
Ou cette barrière escarpée
Qui fouette la rage de notre curiosité
Et ramasse en nous de son poids
Le ressort de notre bond

On n'a pas eu trop de neiges à manger
On n'a pas eu à boire trop de vents et de rafales
On n'a pas eu trop de glace à porter
Trop de morts à porter dans des mains de glaçons

Il en est qui n'ont pas pu partir
Qui n'ont pas eu le courage de vouloir s'en aller
Qui n'ont pas eu la joie aux yeux d'embrasser l'espace
Qui n'ont pas eu l'éclair du sang dans les bras
                               de s'étendre
Ils se sont endormis sur des bancs
Leur âme leur fut ravie durant leur sommeil
Ils se sont réveillés en sursaut comme des domestiques
Que le maître surprend à ne pas travailler

On n'a pas eu envie de s'arrêter
On n'a pas eu trop de fatigues à dompter
Pour l'indépendance de nos gestes dans l'espace
Pour la liberté de nos yeux sur toute la place
Pour le libre bond de nos cœurs par-dessus les monts

Il en est qui n'ont pas voulu partir
Qui ont voulu ne pas partir, mais demeurer.

On les regarde on ne sait pas
Nous ne sommes pas de la même race.

Ils se sont réveillés des animaux parqués là
Qui dépensent leurs ardeurs sans âme dans les bordels
Et s'en revont dormir sans s'en douter
Ils se sont réveillés des comptables, des tracassiers,
Des mangeurs de voisins, des rangeurs de péchés,
Des collecteurs de revenus, des assassins à petits coups,
Rongeurs d'âmes, des satisfaits, des prudents,
Baise-culs, lèche-bottes, courbettes
Ils abdiquent à longue haleine sans s'en douter
N'ayant rien à abdiquer.

C'est un pays de petites bêtes sur quoi l'on pile
On ne les voit pas parce qu'ils sont morts
Mais on voudrait leur botter le derrière
Et les voir entrer sous terre pour la beauté
                    de l'espace inhabité.

Les autres, on est farouches, on est tout seuls
On n'a que l'idée dans la tête d'embrasser
On n'a que le goût de partir comme une faim
On n'est déjà plus où l'on est
On n'a rien à faire ici
On n'a rien à dire et l'on n'entend pas de voix
                    d'un compagnon.

[Et maintenant]

Et maintenant quand est-ce que nous avons
                              mangé notre joie
Toutes les autres questions en ce moment ont fermé
                              la bouche de leur soif
Et l'on n'entend plus que celle-là qui reste
                              persistante et douloureuse
Comme un souvenir lointain qui nous déchire jusqu'ici
Cette promesse et cette espèce d'entrevue avec
                              la promise
Et maintenant que nous nous sommes déchirés
                              un sillon jusqu'ici,
Jusqu'où nous en sommes
Cette question nous rejoint
Et nous emplit de sa voix de désespoir
Quand est-ce que nous avons mangé notre joie
Où est-ce que nous avons mangé notre joie
Qui est-ce qui a mangé notre joie
Car il y a certainement un traître parmi nous
Qui s'est assis à notre table quand nous nous sommes
                              assis tant que nous sommes
Tant que nous étions
Tous ceux qui sont morts de cette espèce de caravane
                              qui a passé
Tous les enfants et les bons animaux de cette journée
                              qui sont morts
Et tous ceux maintenant lourds aux pieds
        qui continuent à s'acheminer dans cette espèce de
                              rêve aux mâchoires fermées
Et dans cette espèce de désert de la dernière aridité

Et dans cette lumière retirée derrière un mur
     infranchissable de vide et qui ne sert plus à rien
Parmi tous ceux qui nous sommes assis
     tant que nous étions et tant que nous sommes
(Car nous transportons le poids des morts
                         plus que celui des vivants)
Qui est-ce qui a mangé notre joie parmi nous
Dont ne reste plus que cette espèce de souvenir
                         qui nous a déchirés jusqu'ici
Qui est-ce parmi nous que nous avons chacun abrité
Accueilli parmi nous
Retenu parmi nous par une espèce de secrète entente
Ce traître frère que nous avons reconnu pour frère et
emmené avec nous dans notre voyage d'un commun
     accord
Et protégé d'une complicité commune
Et suivi jusqu'à cette extrémité que notre joie
                         a été toute mangée
Sous nos yeux sans regarder
Et qu'il ne reste plus que cette espèce de souvenir
                         qui nous a déchirés jusqu'ici
Et cet illusoire désespoir qui achève de crever
                              dans son lit.

[On n'avait pas fini]

On n'avait pas fini de ne plus se comprendre
On avançait toujours à se perdre de vue
On n'avait pas fini de se trouver les plaies
On n'avait pas fini de ne plus se rejoindre
Le désir retombait sur nous comme du feu

Notre ombre invisible est continue
Et ne nous quitte pas pour tomber derrière nous
        sur le chemin
On la porte pendue aux épaules
Elle est obstinée à notre poursuite
Et dévore à mesure que nous avançons
La lumière de notre présence

On n'arrive guère à s'en débarrasser
En se retournant tout à coup on la retrouve
        à la même place
On n'arrive pas à la secouer de soi
Et quand elle est presque sous nous aux alentours
        de midi
Elle fait encore sous nos pieds
Un trou menaçant dans la lumière.

On n'a pas lieu de se consoler quand la nuit vient
De se tranquilliser d'être soulagé
De regarder avec un sourire autour de soi
Et parce qu'on ne voit plus l'ombre de se croire libéré

C'est seulement qu'on ne la voit plus
Sa présence n'est plus éclairée
Parce qu'elle a donné la main à toutes les ombres
Nous ne sommes plus qu'une petite lumière enfermée
Qu'une petite présence intérieure dans l'absence
                                             universelle
Et l'appel de nos yeux ne trouve point d'écho
Dans le silence de l'ombre déserte

On passe en voyage au soleil
On est un passage vêtu de lumière
Avec notre ombre à nos trousses comme un chacal
Qui mange à mesure notre mort

Avec notre ombre à nos trousses comme une absence
Qui boit à mesure notre lumière

Avec notre absence à nos trousses comme une fosse
Un trou dans la lumière sur la route
Qui avale notre passage comme l'oubli.

On s'est tous réunis dans le milieu du temps
On a tout réuni dans le milieu de l'espace
Bien moins loin du paradis que d'habitude
On s'est tous réunis pour une grande fête
Et l'on a demandé à Dieu le Père et Jésus-Christ
Et au Saint-Esprit qui est la Troisième Personne
On leur a demandé d'ouvrir un peu le Paradis
De se pencher et de regarder
Voir s'ils reconnaissaient un peu le monde
Si cela ressemblait un peu à l'idée qu'ils en ont
Si ce n'était pas bien admirable ce qu'ils en ont fait

Ceux qui sont venus avec une âme du bon Dieu
Avec des yeux du bon Dieu
Pour faire un bouquet pur avec le monde

Ils ont tout resacré les mots qu'on avait foutus
Ils ont tout retrouvé les voix qu'on avait perdues
Ils ont rejoint le vent avec son chant
Ils ont ramassé l'arbre qu'on a vu
Ils sont allés glaner dans les limbes
La paille d'or des moments inaltérables
Qui sont une fois nés ici comme une musique étrangère
Mais qui n'ont pas voulu mourir
Bondir de leur lumière hors du temps
Mais qui n'avaient pas trouvé leur repos

La parfaite offrande de leur corps pour l'éternité
Et qui restent en suspens sous la garde des anges
                                        suspendus

Voilà qu'ils sont venus nous ont reconnus
Et leur reconnaissance nous a lavés
Voilà qu'ils ont reconnu tout le monde
Et ils nous ont offert le monde reconnaissable

Alors quand ils ont eu lavé toutes les choses de la terre
Et que leurs yeux ont eu fait la terre un jardin-pré
Un pré de fleurs avec la présence de tout le ciel
                                        au-dessous
Quand ils ont eu ramassé tout ce qui été perdu
Toutes les choses délaissées
Quand ils ont eu lavé tout ce qui fut sali

La terre était dans l'ombre et mangeait ses péchés ;
On était à s'aimer comme des bêtes féroces
La chair hurlait partout comme une damnée
Et des coups contre nous et des coups entre nous
Résonnaient dans la surdité du temps qui s'épaissit

Voilà qu'ils sont venus avec leur âme du bon Dieu
Voilà qu'ils sont venus avec le matin de leurs yeux
Leurs yeux pour nous se sont ouverts comme une aurore
Voilà que leur amour a toute lavé notre chair
Ils ont fait de toute la terre un jardin pré
Un pré de fleurs pour la visite de la lumière
De fleurs pour la présence de tout le ciel dessus

Ils ont bu toute la terre comme une onde
Ils ont mangé toute la terre avec leurs yeux
Ils ont retrouvé toutes les voix que les gens ont perdues
Ils ont recueilli tous les mots qu'on avait foutus

Le temps marche à nos talons
Dans l'ombre qu'on fait sur le chemin
Tous ceux-là, le temps et l'ombre sont venus
Ils ont égrené notre vie à nos talons
Et voilà que les hommes s'en vont en s'effritant
Les pas de leur passage sont perdus sans retour
Les plus belles présences ont été mangées
Les plus purs éclats furent effacés
Et l'on croit entendre les pas du soir derrière soi
Qui s'avance pour nous ravir toutes nos compagnies
S'en vient tout éteindre le monde à nos yeux
Qui vient effacer en cercle tout le monde
Vient dépeupler la terre à nos regards

Nous refouler au haut d'un rocher comme le déluge
Et nous prendre au piège d'une solitude définitive
Nous déposséder de tout l'univers

Mais voilà que sont venus ceux qu'on attendait
Voilà qu'ils sont venus avec leur âme du bon Dieu
Leurs yeux du bon Dieu
Qu'ils sont venus avec les filets de leurs mains
Le piège merveilleux de leurs yeux pour filets
Ils sont venus par-derrière le temps et l'ombre
Aux trousses de l'ombre et du temps
Ils ont tout ramassé ce qu'on avait laissé tomber.

Poids et mesures

Il ne s'agit pas de tirer les choses par les cheveux
D'attacher par les cheveux une femme
                    à la queue d'un cheval
D'empiler des morts à la queue leu leu
Au fil de l'épée, au fil du temps.

On peut s'amuser à faire des nœuds
                    avec des lignes parallèles
C'est un divertissement un peu métaphysique
L'absurde n'étant pas réduit à loger au nez de Cyrano
Mais en regardant cela la tête à l'envers
On aperçoit des évocations d'autres mondes
On aperçoit des cassures dans notre monde
                    qui font des trous

On peut être fâché de voir des trous dans notre monde
On peut être scandalisé par un bas percé un gilet
                    un gant percé qui laisse voir un doigt
On peut exiger que tout soit rapiécé

Mais un trou dans notre monde c'est déjà quelque chose
Pourvu qu'on s'accroche dedans les pieds
                    et qu'on y tombe
La tête et qu'on y tombe la tête la première
Cela permet de voguer et même de revenir
Cela peut libérer de mesurer le monde à pied,
                    pied à pied.

Regards de pitié

– Nous avons mis à mort la pitié
Nous ne pouvons pas qu'elle soit
Nous sommes les orgueilleux
Nous nions les regards de pitié.

– Nous sommes les regards de pitié
Nous ne pouvons pas ne pas être sur terre
les regards de pitié.

[Faible oripeau]

Faible oripeau à tous les vents qui nous trahit
Qu'elle l'assujettisse décidément
    à la forme certaine de nos os clairs.

Mais la douleur fut-elle devancée
Est-ce que la mort serait venue secrètement
    faire son nid dans nos os mêmes
Aurait pénétré, corrompu nos os mêmes
Aurait élu domicile dans la substance même de nos os
Parmi nos os
De sorte qu'arrivée là après toute la chair traversée
Après toutes les épaisseurs traversées
    qu'on lui avait jetées en pâture
Après toutes ces morsures dans notre chair molle
    et comme engourdie
La douleur ne trouve pas non plus
    de substance ferme à quoi s'attaquer
De substance ferme à quoi s'agripper
    d'une poigne ferme
Densité à percer d'un solide aiguillon
Un silence solide à chauffer à blanc
Une sensibilité essentielle et silencieuse
    à torturer sans la détruire

Mais elle ne rejoint encore qu'une surface qui s'effrite
Un édifice poreux qui se dissout
Un fantôme qui s'écroule et ne laisse plus que poussière.

[Quitte le monticule]

Quitte le monticule impossible au milieu
Et le manteau gardant le silence des os
Et la grappe du cœur enfin désespéré
Où pourra maintenant s'incruster cette croix
À la place du glaive acide du dépit
À l'endroit pratiqué par le couteau fixé
Dont le manche remue un mal encore aigu
Chaque fois que ta main se retourne vers toi
Où s'incruste la croix avec ses bras de fer
Comme le fer qu'on cloue à l'écorce d'un arbre
Qui blesse la surface, mais la cicatrice
De l'écorce bientôt le submerge et le couvre
Et plus tard le fil dur qui blessait la surface
On le voit assuré au bon centre du tronc
C'est ainsi que la croix sera faite en ton cœur
Et la tête et les bras et les pieds qui dépassent
Avec le Christ dessus et nos minces douleurs.

Quitte le monticule impossible au milieu
Place-toi désormais aux limites du lieu
Avec tout le pays derrière tes épaules
Et plus rien devant toi que ce pas à parfaire
Le pôle repéré par l'espoir praticable
Et le cœur aimanté par le fer de la croix.

Mon cœur cette pierre qui pèse en moi
Mon cœur pétrifié par ce stérile arrêt
Et regard retourné vers les feux de la ville
Et l'envie attardée aux cendres des regrets
Et les regrets perdus vers les pays possibles

Ramène ton manteau, pèlerin sans espoir
Ramène ton manteau contre tes os
Rabats tes bras épars de bonheurs désertés

Ramène le manteau de ta pauvreté contre tes os
Et la grappe séchée de ton cœur pour noyau
Laisse un autre à présent en attendrir la peau

Quitte le monticule impossible au milieu
D'un pays dérisoire et dont tu fis le lieu
De l'affût au secret à surprendre de nuit
Au secret d'un mirage où déserter l'ennui.

[Et je prierai ta grâce]

Et je prierai ta grâce de me crucifier
Et de clouer mes pieds à ta montagne sainte
Pour qu'ils ne courent pas sur les routes fermées
Les routes qui s'en vont vertigineusement
De toi
Et que mes bras aussi soient tenus grands ouverts
À l'amour par des clous solides, et mes mains
Mes mains ivres de chair, brûlantes de péché,
Soient, à te regarder, lavées par ta lumière
Et je prierai l'amour de toi, chaîne de feu,
De me bien attacher au bord de ton calvaire
Et de garder toujours mon regard sur ta face
Pendant que reluira par-dessus ta douleur
Ta résurrection et le jour éternel.

[Les cils des arbres]

Les cils des arbres au bord de ce grand œil de la nuit
Des arbres cils au bord de ce grand œil la nuit
Les montagnes des grèves autour de ce grand lac calme
                                        le ciel la nuit
Nos chemins en repos maintenant dans leurs creux
Nos champs en reposoir
        avec à peine le frisson passager
dans l'herbe de la brise
Nos champs calmement déroulés sur cette profondeur
                    brune chaude et fraîche de la terre
Et nos forêts ont déroulé leurs cheveux
                                    sur les pentes...

[Les cheveux châtains]

Les cheveux châtains en poussière qui sont comme des rêves flous, auréoles sans consistance qui ne sont que comme un cadre.

Les cheveux noirs qui sont comme des serpents onduleux sur l'oreiller et qui semblent vous enlacer, de glissantes tentacules.

Les cheveux roux, mer de feu, sanglants sous la lumière, non pas calmes jamais mais comme l'ardeur de charbons intérieurs, non pas doux mais crispés d'emportement, où nul ne se repose mais où tout brûle.

Vous êtes, châtains, les seuls qui sachiez descendre dans la nuque et y mettre votre poussière, comme une chute qui écume en eau éparpillée. Mais les blonds sont le duvet de la peau qui chatouille la langue.

Des cheveux fous et gris qui sont comme des aiguilles dans les mains.

Les larges cheveux noirs aux longues houles qui sont un bercement.

Les cheveux blonds pâles, où le regard se heurte comme le soleil sur l'eau, qui sont comme des ondes claires mais sans transparence.

Les cheveux noirs qui comme la nuit sont sans fond, où plonge le regard jusqu'à l'infini.

Et d'indicibles épouvantes naissent à ces lueurs mouvantes

Tordues au vent rageur qui vente.

[J'avais son bras]

J'avais son bras d'eau fraîche autour de mon cou
Et la brûlure de son ventre sous mon épaule
Et ma tête était portée sur le spasme misérable
                                    de son corps
Roulée sur cette suffocation misérable
Sur cette respiration malade
Et dans mes yeux qu'on ne peut fermer
L'horreur d'un plafond bas et blanc
Et cependant autour de mon cou
Son bras incroyable restait d'eau fraîche

[Le jour, les hymnes]

Le jour, les hymnes furent pauvres

Il leur a fallu le crépuscule, la venue de la nuit

Nos chemins
Nos champs
Nos forêts
Nos montagnes

La terre est en repos
Sa respiration n'a plus besoin de voix pour chanter
Les montagnes des grèves autour de ce grand lac calme
                         le ciel la nuit
Les arbres cils au bord de ce grand œil la nuit

Les hymnes n'ont jamais été si pauvres
Que durant cette journée où nous avons cherché
    la terre à nous désâmer
Où nous avons tant recherché notre reflet fantôme
                         la terre
Nous n'avons jamais été tant et si mal blessés
Que par ce soleil étranger dans le ciel que nous
                         n'avons pas créé

Que par ce soleil qu'il a fait que nous n'avons pas créé
Les hymnes n'ont jamais été si pauvres si délaissées
Que ce jour où nous avons voulu prendre le soleil
à témoin de notre lumière

Et lorsque nous sortons la tête de sous notre toit
nous voyons
La nuit d'un seul grand œil immense
(le ciel) regarder la terre
Comme une grande femme en repos
la terre respirante qui dort

Nous sommes-nous agités suffisamment cette journée
Avons-nous assez promené l'anxiété de notre soif
　　dans la journée
Avons-nous assez recherché la terre fantôme
Avons-nous assez cru assez douté
Le soleil nous a-t-il fait assez de mal, assez de bien
Les hymnes pendant ce temps ont été pauvres

Il leur a fallu maintenant cette heure depuis le crépuscule
Quand l'horizon est monté s'étendre au bord du ciel
　　comme un bon chien
Et puis petit à petit toute la terre s'est étendue dans sa
　　vallée pour s'endormir
Toute la terre s'est détendue avec ses épaules
et ses vallées
Et sa respiration maintenant n'a plus besoin
de voix pour chanter

[Et j'ai vécu]

Et j'ai vécu en cet écheveau inextricable
Qu'on démêla pour une fugue
Et passé la fugue je reviens tantôt
À cet écheveau inextricable.

POSTFACE

L'incorrigible

Et cependant dressé en nous
Un homme qu'on ne peut pas abattre
Debout en nous et tournant le dos à la direction
                    de nos regards
Debout en os et les yeux fixés sur le néant
Dans une effroyable confrontation obstinée
                    et un défi.

DE SAINT-DENYS GARNEAU[1]

J'ai toujours l'impression qu'on se sent pris d'un malaise bizarre, non avoué, lorsqu'on se met à parler de Saint-Denys Garneau. En fait, ce poète torturé, périodiquement secoué par des crises mentales très violentes, gêne un peu tout le monde, même si, en général, ce tout le monde feint le contraire.

Pour synthétiser, je dirais que deux grandes tendances se sont dessinées quant à l'interprétation à donner à son œuvre. Bien qu'ils se croisent à certains moments, ces deux types de lecture demeurent inconciliables. Une première tendance – largement dominante à mon avis – refuse d'accorder trop d'importance au caractère profondément divisé et névrotique qui se dégage de l'œuvre et de l'existence du poète. Elle préfère rattacher aussitôt l'indécision irrépressible de l'écriture à une quête spirituelle dont la sincérité, aussi douloureuse que méritoire, suscite l'admiration.

Pour les tenants de cette vision, l'aventure de Saint-Denys Garneau demeure strictement métaphysique et relève d'un besoin pieux d'absolu, d'un désir d'abandon à la Grâce qu'une société réfractaire aux esprits exceptionnellement doués ne pouvait satisfaire ni tolérer. À même l'origine divine ou transcendante du langage, sa poésie est montrée comme l'expression de la détresse d'une conscience qui, s'étant rapprochée d'un peu trop près, et sans en avoir les moyens nécessaires, de ce qui fait le noyau sacré de l'originel, l'aura payé d'un abyssal séisme intérieur. Une suite de périodes d'angoisse, de dépression, de panique se sera imposée à son narcissisme défaillant, et à un rythme qu'il faut bien reconnaître comme effarant. Le sentiment d'inexistence qui en aura résulté – là où toute joie, toute satisfaction devient dérisoire – venait ainsi mettre fin à une envolée qui nous aurait permis de partager l'éclat d'une saine et héroïque croyance en la Rédemption éternelle. Et encore, ce sentiment atrophiant nous l'aura-t-il révélé malgré lui, par la grandeur de sa fidélité aux dogmes catholiques, éducation qu'une authentique ascèse chrétienne fait briller au service de sa lutte glorieuse pour échapper aux tentations du péché. Ce type d'interprétation de l'œuvre, de même que ses versions plus récentes qui hésitent à se référer à la doctrine catholique, préférant s'en tenir au vocabulaire plus théorique, plus convenable, d'une spiritualité moderne et en famille, exclut d'emblée, vous l'aurez deviné, les positions athées dont devaient se réclamer Paul-Émile Borduas et le groupe des automatistes dans leur rejet éthique de la « profonde ornière chrétienne[2] ».

Banalisant la collusion entre la foi religieuse, le refoulement de la sexualité et le déni de notre disparition définitive, une telle option idéalisatrice est le fait des amis du poète qui ont voulu honorer sa mémoire. En la personne de Jean Le Moyne, cependant, une dissidence de taille se fera jour, lui qui, en 1960, écrira une pénétrante étude pour dénoncer l'hypocrisie humiliante de la morale canadienne-française[3]. Il osera toucher du doigt l'esprit servile de peur et de jugement qui, en diabolisant la matière, le sexe, la liberté, enlevait à la faute son élémentaire valeur humaine (qui se souvient encore de la fameuse exclamation de saint Augustin, *felix culpa!* – cette « *faute heureuse* » essentielle au devenir spirituel de notre propre beauté ?). Un quelconque discours savant aura voulu se débarrasser de sa percutante attaque au nom d'une « pureté » de l'échec, s'efforçant d'enterrer sa déclaration de guerre pour sauvegarder, de façon honteuse, les racines de notre mentalité fermée au pluralisme du débat.

Ainsi, cette vision d'une mystique identitaire allait éviter de vraiment tenir compte de la part de misère et de désertion morales qui traverse, c'est là mon hypothèse, l'entièreté de la production écrite de Garneau. Celle-ci, j'essaierai brièvement d'y accéder, est marquée au coin du paradoxe, de la contradiction, et illumine d'une manière surprenante le type d'aliénation religieuse dont il aura été l'indomptable victime.

À l'opposé, il y a la tendance qui s'empresse de reconnaître et de dénigrer le profil aliénant, schizoïde, du personnage à travers son œuvre, pour réduire celle-ci à des déboires inutiles, dernier rebond d'une inconscience archaïque aujourd'hui heureusement surmontée. À cette écriture qui répand son incapacité chronique d'assumer la réalité et de se battre pour la transformer, on opposera donc une fin de non-recevoir (bien qu'en sourdine c'est à la personne civile, de descendance noble, qu'on va s'en prendre). À l'instar d'un peuple québécois qui avance dans sa volonté d'affirmation nationale, un romancier comme Jacques Ferron, certains écrivains de la génération de l'Hexagone, puis de celle de *Parti pris*, vont rejeter cette posture jugée régressive et lui préférer celle, plus émancipée, d'un écrivain-voyageur tel Alain Grandbois. À sa manière, cette tendance allait à son tour désavouer l'isolement d'un poète déjà exclu par sa propre société. Forts de leur engagement politique, ces militants mettront l'accent sur une littérature enracinée, responsable, partie prenante des combats historiques de son temps.

D'un côté, nous aurons ceux qui croient en un de Saint-Denys Garneau sur le chemin de la sainteté (ou, dans le meilleur des cas, d'une modernité aseptisée), prisonnier d'un malheur que seule une opération spirituelle d'exigeante ascension vers le haut aurait pu guérir; de l'autre, ceux qui dénoncent la dimension infantile, maladive, irresponsable, voire réactionnaire, d'un personnage qui déteint sur son œuvre, la confinant à une omnipotence religieuse (cléricale) qui la disqualifie au départ. Dans les deux cas, c'est là du moins ma conviction, il y a ce que je qualifierais de solide réticence à se laisser traverser par l'expérience de cette incroyable perte de soi, écriture œuvrante où une permanente recherche de sens s'allie à un corps qui se dérobe. Orientant plutôt la lecture de telle sorte qu'elle nous protège contre le déferlement d'une si lourde souffrance morale, on évacuera, pour des raisons inconscientes, les questions trop personnelles qu'elle risque de nous poser, et qui ont trait à ces traumatismes universels que sont les drames de l'altérité, de la sexualité et de l'inéluctable mortalité de l'homme. Alors je dis qu'il faut oser aborder et analyser sans fausse pudeur la misère existentielle de Saint-Denys Garneau si nous voulons un jour comprendre un peu mieux en quoi une des démarches créatrices majeures de ce siècle a pu en même temps reconduire une immaturité psychologique sous la férule de la religiosité et de son totalitarisme. Ce qui devra nous amener à prendre nos distances avec la collectivité canadienne-française du début du siècle, collectivité étroitement identifiée à l'idole divine à un moment de son histoire où religion et société étaient des réalités identiques.

Témoignage unique dans le parcours de notre littérature, c'est par la franchise parfois brutale d'un individu qui veut échapper au désespoir qu'une si vibrante écriture continue d'interpeller de nouvelles générations de lecteurs. Car, avant de remplir son rôle d'intellectuel catholique, avant de s'exercer à une ascèse spirituelle qui, contrairement aux résultats escomptés, le précipitera dans un état d'horreur paralysante, ce poète dont la conscience se fait émotion pure aura supporté la dilapidation de toute sécurité qui laisse l'être et son identité entièrement à découvert. De Saint-Denys Garneau est bel et bien un homme tenté par les élans de la jouissance et les cris déculpabilisés de la révolte. Sa tragédie intérieure réactualise l'essence du mal-être de sa génération qui fait d'une femme (« Cette soif qui noya Ève, notre mère, / Dans le péché. » [« Le diable, pour ma damnation »]) la cause de la chute et de la mort. Prenant sa revanche, c'est une autre femme, mère et vierge celle-là, qui allait triompher du mal par les attributs salutaires de sa blancheur immaculée.

De Saint-Denys Garneau subira une trop grande emprise du Moi social, raisonnable, croyant et adapté, alors que son hypersensibilité entre en conflit avec des forces pulsionnelles d'autant plus puissantes qu'elles sont rattachées à un imaginaire de la faute et de la punition toujours imminente. Le tiraillement qui s'ensuivra ira jusqu'à engendrer une dissociation psychique qui le fera côtoyer le gouffre délirant de la folie : « Je suis infiniment triste et j'ai peur de devenir fou parce que ma tristesse est sans cause comme sans but[4]. » Résignation forcée, consentement contraint à l'impuissance, on le verra s'attribuer la condition ambiguë de mort-vivant alors qu'un retrait libidinal accentue sa réclusion funèbre : « [...] et je me trouve souvent devant les choses et les hommes comme un mort[5]. » Face aux autres et face à sa propre poésie, il passera de l'agitation des sens à l'adhésion mortifiante, portant à son plus haut degré d'expression tout un héritage d'acceptation de la souffrance, de passivité devant le destin, d'enrôlement de la vie sous la direction d'une spiritualité pervertie et frénétiquement expiatoire. Parlant de son « enthousiasme de la douleur », il renchérit auprès d'une de ses interlocutrices : « Ô la douleur ! Je l'aimais à la folie, je la cherchais, je m'y plongeais tout entier. J'y trouvais une volupté si profonde que je l'appelais et que lorsqu'elle ne venait pas, je m'en forgeais une[6]. »

En somme, j'aimerais attirer votre attention sur le jeune homme curieux, brillant, passionné chez qui il y avait « quelque chose de païen, de sensuel[7] » et qui, à cause de son tempérament nerveux, de son entêtement incorrigible où ne cessent de s'imposer doutes, concupiscence, remords, colère, fera de la question du mal une obsession dont il ne pourra jamais se départir. Foyer de résistance et de liberté, son acte d'écriture le forcera à se déplacer sur une autre scène, celle d'une infraction appréhendée du *je* ; un *je* délié, hétérogène, qu'il désigne, en critiquant François Mauriac, comme le « drame de la multiplicité de la personnalité dans l'artiste[8] », cause de pernicieuses dissonances intérieures. C'est à même le non-dit des correspondances, en s'arrachant au déploiement d'un projet déjà façonné, déjà existant en puissance, que le poète écorché vif se cassera la figure.

En tant que premier témoin conscient (épouvantablement conscient) de notre difficile accès à la modernité, le saisissement créateur l'introduira dans les coulisses du fantasme originaire (« Le diable, pour ma damnation, / M'a laissé entrevoir la scène / Par l'ouverture des rideaux. / Il a, en se jouant de moi, / Soulevé le bord du voile / Qui cache la vie. » [« Le diable, pour ma damnation »]), théâtre où se joue notre rapport à la procréation, à la filiation et à l'inconnu. La crise du sujet qui s'ensuivra reflétera la teneur d'un refoulement collectif que la menace du châtiment éternel avait rendu obligatoire. Avec ses derniers poèmes réunis dans *Les Solitudes*, sa descente initiatique aux enfers allait devoir subir les épreuves déstructurantes de la perte, de l'absence et de la solitude. Évasion qui échoue, ceux-ci l'entraîneront dans le tourbillon d'une volonté de comblement (de perfection) où l'on voit peu à peu s'atténuer les derniers feux du noyau ontologique qui précède le langage.

Une écriture radioscopique

Pour mieux soupeser la charge troublante de sa poésie, il n'est pas inutile de spécifier qu'elle met en perspective, en le cristallisant, un dialogue ininterrompu entre son expérience quotidienne dans ce qu'elle recèle de plus vrai, de plus ressenti, et la formulation analytique d'une pensée qui actualise des préoccupations d'ordre philosophique, éthique, esthétique, psychologique et théologique. Après s'être dégagé, mais en partie seulement, du magma d'ignorances dans lequel s'enlise le Canada français, de Saint-Denys Garneau allait pouvoir explorer le continent tabou de la langue, du corps et de ses désirs singuliers. Talonné par une incertitude anxieuse, il ouvrait ainsi la porte à une affligeante confrontation du Canadien français avec sa finitude historique. Mais un système de croyances superstitieuses et répressives allait réussir à endiguer la « pluridimensionnalité » de l'être accordée à tous les contrastes et à toutes les tensions de la vie.

Le malaise personnel qu'il éprouve à briser le cercle étroit où les liens du sang et de l'Histoire le tiennent enfermé nous permet d'envisager la réalité complexe des mécanismes de défense inconscients qui, en lui, se sont écroulés (voir le poème « C'est eux qui m'ont tué »). Il y a eu, si vous me permettez l'expression, un court-circuit dissolvant l'image de son Moi idéal, représentation insupportable, fortement chargée d'affects, de la vérité qui loge en nous jusqu'en notre chair et peut transgresser les limites du savoir pour le faire progresser. En jouant dangereusement avec le feu, le poète aura provoqué le retour du refoulé que ses dénégations, obsessions, macérations vont tenter de neutraliser. La compulsion névrotique, rendue opérante, pourrait dès lors suivre son cours.

Depuis l'émerveillement du jouisseur en contact avec une nature généreuse, fluide, émouvante, apaisante, jusqu'au désarroi existentiel au centre d'un homme diminué par une menace aussi envahissante qu'insidieuse, poèmes, prose, journal et correspondance s'informent, se déterminent, se constituent, se répondent. L'ensemble de cette profusion réflexive s'intégrera à la personnalité d'un sujet dont l'estime de soi reste frêle et fuyante. De manière plus spécifique, en le rapprochant du pressentiment d'une libération infinie du désir, le potentiel de décharge de sa poésie s'efforcera, mais en vain, de dépasser la symétrie morbide mariant l'incommensurabilité du mystère à une valorisation mimétique et masochiste de la souffrance : « Et sommes-nous seulement fidèles à nos souffrances, à nos plus profondes blessures ? Fidèles à Celui Seul qui peut être fidèle à nos souffrances. Lui, cette douleur-ci, il veut lui être fidèle, il en a besoin[9]... »

Si nous apprenons à faire silence, si nous abordons ce monument d'indétermination vivante au-delà de la gangue puritaine qui a été l'intime raison de notre conservatisme, nous sentirons qu'il nous invite au dévoilement des adhésions invisibles qui nourrissent la substance de soi et en favorisent l'épanouissement autant que la forclusion. L'impudeur exemplaire de cette intonation étrangère à la norme fera rejaillir toute une panoplie d'émotions étranglées par l'obscurantisme, aboutissement d'un culte à la sainte obéissance qu'une mémoire impérative se plaira à entretenir.

La flamme impénitente du questionnement – qui n'est pas sans rapport avec un déchaînement sensuel de la pensée – aura réussi à interpeller les préalables de la rationalité totalisante, ceux qui programment l'humain pour lui faire porter le fardeau secret d'une faute collective (« Car nous transportons le poids des morts plus que celui des vivants » [« Et maintenant »]) ; rationalité nostalgique qui demeure hantée par les défaites et les humiliations subies, et dont la capacité de faire le deuil d'un passé auquel on attribue le mythe du « sens » de l'histoire s'avère évasive, interminée et interminable. Extérieure à tout sens définitif, la parole de Saint-Denys Garneau nous met sur la voie d'un usage critique de la mémoire : un avenir qui trouve son fondement dans l'impossibilité même de fondement, un passé ouvert, désencombré, qui annonce le renversement de l'idole et la délivrance de la dette. À partir de cette posture éthique, notre si difficile amour de soi pourra advenir, éclater, favoriser l'affirmation d'une parole dégagée qui n'a plus à se plier d'avance à la moralité symbiotique de la langue commune pour nous éclairer.

L'enfant joueur, l'enfant fragile, l'enfant puni

L'on sait que l'enfance sera l'un des grands thèmes de la poésie garnélienne; elle renvoie à un besoin ardent d'espace, de liberté, qui donne au jeu l'occasion de se dérouler dans toute son inventive gratuité. D'une simplicité déconcertante, les trois premières sections, qui inspirent le titre de ces *Regards et jeux dans l'espace* (*Jeux*, *Enfants* et *Esquisses en plein air*), s'attachent à souligner ce temps primordial où va se mettre en place la dialectique du conflit entre le pulsionnel et le culturel.

Or, au moment où nous croyons assister à un hommage rendu à la souveraineté de l'émerveillement et du jeu, à la fugacité du souffle qui se déverse et se réconcilie dans sa transparence, il est frappant de constater que l'image de l'enfant va très vite se complexifier. Déjà, le poème liminaire de *Jeux* – où l'immobilité de la chaise engendre une sensation d'entrave – laissait présager une contradiction énigmatique, accointances du sommeil et de la mort qui empêchent de traverser, de quitter, de trouver « l'équilibre impondérable ». C'est le paradoxal « sans appui », nous écrit le poète, qui lui donne sa chance de trouver le repos.

Par-delà l'angélique grandiloquence d'une enfance innocentée, nous sommes immédiatement mis en contact avec l'ardeur plus dissipée de ces « petits monstres » assoiffés de rires et de surprises au milieu de l'espace. Aussi, adieu « la politesse et cette chère discipline », les enfants explorent l'espacement qui existe autour d'eux; lieu potentiel d'être, libre de contraintes, où il leur est loisible de prendre l'initiative

et de sauter sans hésitation depuis les limites nécessaires jusqu'en la plurivocité de l'ouverture. Avec leur
« légèreté et des manières à scandaliser les grandes
personnes », attention ! il ne leur reste plus « deux
sous de respect pour l'ordre établi ». Si, après avoir
mis une chambre à l'envers, ils peuvent s'enfuir en
s'esclaffant, ils ne sont pourtant pas exempts de
remords et de regrets. Sous le regard d'un *vous* très
parental (« Les enfants »), on voit surgir une attitude
craintive où « Leur rire est suspendu. » Ensuite, à
côté de ces enfants espiègles, il y a ceux qui demeurent « assis gravement » avec un voile de mystère au
fond des yeux. Cette « gravité de l'autre monde » sera
aussi évoquée dans un « œil gauche quand le droit
rit » (« Le jeu »), comme si se mettait doucement en
place le premier écho d'une flétrissure intérieure qui
aura tôt fait de se transformer en déchirement, puis
en dédoublement angoissé de la personne chez le
jeune adulte.

Le poème « Portrait » (manifestement un autopor-
trait) ne manquera pas de nous indiquer la fragilité
de l'enfant-oiseau qui peut soudain se métamorphoser
en enfant-colimaçon traînant sa maison-coquille avec
lui, parce qu'il doit se protéger et qu'il « s'agit de ne
pas lui faire peur », alors que ses yeux « ne regarde[nt]
que pour vous embrasser ». Par ailleurs, même s'il y
a constat d'échec, un poème comme « Le spectacle de
la danse » est loin de condamner les enfants inca-
pables de bien danser. C'est plutôt le « manque d'air »
lié à la ville (symbole de promiscuité physique et de
tentations mauvaises) qui se trouve mis en cause,
alors que la danse – « paraphrase de la vision » et
prise de possession du monde – instaure une « pre-

mière victoire / Du regard », victoire que traduit l'effacement de toute « trace en l'espace ». Éclatement de la joie du corps, précisons que la qualité énergétique de la danse (sa légèreté, sa jouissance d'abandon) aura longtemps été la cible d'une armée de prêtres inhibés, tenants crispés de la Loi qui se faisaient un devoir de préserver jalousement la virginité de leurs ouailles.

Dans tout le reste du livre, la naïveté du plaisir par les jeux va laisser place à un trouble dont le caractère de plus en plus envahissant se confirme à mesure que « les yeux de chair trop grand ouverts » (« Tu croyais tout tranquille ») se mettent à « crier d'angoisse ». Les mêmes « yeux ce matin grands comme des rivières » et « prêts à tout refléter » – y compris la « baigneuse ensoleillée » – (« Rivière de mes yeux ») le cèdent à un paysage « sans couleur », « sans soleil » (« Paysage en deux couleurs sur fond de ciel »), au « Spleen », à la « Maison fermée », à la « Fièvre ». Le climat de fête du début va ainsi aboutir au naufrage du cœur (« Qu'est-ce qu'on peut »), au décès des quatre mains, des quatre colombes (« Petite fin du monde »), ce malgré un « Accueil » où l'amour idéalisé ne semble pas pouvoir éradiquer la solitude attristante. Emprisonnement définitif, « La cage d'oiseau » n'offrira d'autre solution que la mort pour que l'oiseau puisse échapper à ce qui le retient. Alors le magistral « Accompagnement », à la fois conclusion et condensation de tout le recueil, viendra scander l'étiolement de la joie, la dissociation accomplie de soi, avec encore le mince espoir d'une opération alchimique pour être un jour à nouveau « porté par la danse de ces pas de joie ».

Quant aux poèmes inédits colligés par ses amis en 1949 sous le titre *Les Solitudes*, l'enfant ne sera plus qu'un «vieux mort bercé» par une «mer enveloppante» («Glissement»), un «jeune mort étendu [...] au profond de la mer» («Leur cœur est ailleurs»). Puis, sa présence ne se manifestera que deux autres fois: une première «À propos de cet enfant» «qui n'a pas voulu mourir» et nous confie sa vocation manquée à l'ascèse et au sacrifice: «Il n'était peut-être pas fait pour le haut sacerdoce qu'on a cru»; une seconde, pour clore arbitrairement le recueil (dans la première édition des *Poésies complètes*, Robert Élie et Jean Le Moyne nous avertissent que, pour les poèmes inédits des *Solitudes*, ils ont «vainement essayé d'en établir avec exactitude l'ordre chronologique[10]») sur l'«Espoir d'un sommeil d'enfant» («Après tant et tant de fatigue»), ce sommeil qui fera sagement suite à un désir de crucifixion et de mort («Et je prierai ta grâce»). L'ensommeillement consenti s'opérera sous le regard rassurant de la Sainte Vierge, reine protectrice du monde et figure emblématique du peuple des mères, à laquelle de Saint-Denys Garneau fera maintes fois référence dans son *Journal* (y parlant de sa «tendance à adorer la Sainte Vierge[11]»).

Mais avant de clore ici ma réflexion sur le thème de l'enfance, je ne saurais passer sous silence le célèbre discours moralisateur du «Mardi, 12 février [1935]» où la culpabilité de l'adulte va autoritairement l'emporter sur l'indiscipline de l'enfant joueur[12]. Cela d'autant plus qu'une telle sévérité de jugement vient contredire le jeune contestataire de seize ans qui, au collège Jean-de-Brébeuf, «maudi[t] [son] sort de prisonnier des Jésuites», y dénonce une «absence complète de liberté », liberté qu'il dit regagner « en faisant des vers[13] ». À cause d'une question de cigarettes, il passe à deux doigts de se faire mettre à la porte de l'institution. Afin de ménager sa mère, c'est l'enfant puni qui neutralise ses pulsions agressives à son égard pour y substituer une adoration qui ne voit en elle que bonté toute-puissante. Ce point central d'aveuglement qui le déresponsabilise par rapport à son propre devenir, il ne le soupçonne même pas tant la figure maternelle s'avère intouchable. La fuite condamnée de l'enfant (surtout pas d'ailleurs ! surtout pas d'écart pour le détourner du droit chemin !) donnera suite à l'érection d'une forteresse psychique dont il lui sera devenu impossible de se sauver. La surveillance maternelle va s'allier à la dictature d'un passé qu'une « ivresse d'être » aurait grand tort d'oublier. Alors l'enfant enjoué se plie à la nécessité d'une « longue discipline de soumission et d'amour [après] avoir été rendu maître de soi pour résister au danger du bonheur ». Ce passé maternant s'enchâssera à son tour dans la domination tyrannique d'un Dieu castrateur : « Tu oublies vite Dieu quand Dieu ne te tient pas écrasé. »

En faisant du bonheur d'agir par soi-même un grave délit, en repoussant la part de vérité que nous fait découvrir l'égarement, le pouvoir de changer dépérira au profit d'un dédoublement narcissique confus et malheureux. Un poème comme « Un bon coup de guillotine » exprime on ne peut plus sauvagement les conséquences d'un clivage du corps et de l'esprit (voir les confidences au sujet de la décollation évoquée dans ce texte : « Ainsi, durant l'adolescence, une sorte de désir que mon corps finisse à la ceinture.

N'avoir que la poitrine, elle pleine de lumière, sans le relent du sexe, l'appel d'en bas qui était une menace à cause de ma faiblesse excessive, lâcheté et complaisance[14]»). Ce clivage – le *Journal* et la correspondance le répètent à satiété – n'ira qu'en s'accentuant jusqu'au sentiment affolé de la corruption et de l'abîme.

Bref, la poésie de Saint-Denys Garneau sera le lieu d'un compromis inconfortable entre deux pôles ennemis qui se combattent l'un l'autre. C'est l'enfant soumis – que fragilise une santé très précaire (physiquement malade toute sa vie, une lésion au cœur à l'âge de dix-neuf ans déterminera sa vision des choses) – qui, à cause d'une éducation bourrée d'interdits, en vient à éprouver un besoin de réparation excessif et à punir les incartades de l'enfant joueur, celui qui a osé s'éloigner, désobéir et faire de la peine à la divinité maternelle. Cela n'exclut évidemment pas un désir de fusion de la part de l'enfant possessif, qui ainsi s'empare de manière fantasmatique du paradis immortel de son Dieu bienveillant. Par contre, en affichant un pessimisme belliqueux à l'égard de la nature humaine, une si déchirante abdication de soi rend manifestes les effets désastreux d'une pédagogie spirituelle janséniste, doctrine morale qui régira l'ensemble des comportements socioculturels de son temps.

Peur, péché, prostitution

Alors qu'il s'abandonne à l'émergence d'une écriture dépaysante, c'est l'attirance redoutable de la voix muette qui se met à parler, laissant le flux des représentations mentales se lier autrement dans la levée des contorsions sacrificielles auxquelles il reste attaché. À l'échelle des vibrations qui deviennent respiration de la mémoire, l'actualisation d'un doute soutenu le fera tomber dans la vérité folle de la contradiction. À maintes reprises, le poète abattu en prendra conscience : « Encore une fois j'ai fait à peu près tout le contraire de ce que j'aurais dû faire. Décidément, la contradiction est irrévocablement une loi de mon existence[15]. » Le devoir lui colle mal à la peau, son inconstance notoire semble sans issue, voilà d'ailleurs pourquoi il écrit un journal : dans l'espoir de se discipliner et de raffermir la présence unique de son être en manque de normalité.

Aux prises avec la difficile beauté de l'être qui s'incarne, la vérité parlante tente de se frayer un chemin là où les poèmes identifient les traces de la tension psychique qui les a créés. L'impression maintes fois exprimée d'une désincarnation (« Je perds si facilement contact avec ce qui est, me retrouvant comme désincarné[16] ») nous donne ainsi la possibilité tragique de comprendre qu'il n'y a pas de liberté ou de vie hors du consentement à être un corps. Offusquée de voir la conformité de la loi du langage s'effriter dans la pure actualité autonome de la forme, sa société introjectée en lui, déçue et médusée, devient intolérante et ne peut plus se lire sans en ressentir un profond malaise. Au lieu d'agir comme ses semblables, le poète succombe à une insubordination lubrique qu'il n'aura de cesse (sans succès) de corriger. Intellection distordue par des critères métaphysiques qui n'attribuent qu'un sens partiel à sa dignité d'être humain, l'allègement requis pour opérer une trouée et renaître à la clarté se voit leurré au nom de la sacralisation de fins opprimantes. À trop dire sa convulsive intériorité, l'outrancière finesse de son écriture va se mettre à le torturer (imposture, mensonge, dégoût, désespoir) après nous avoir fait connaître les résonances inquiètes d'une voix égarée dans sa chair.

Condition d'une subjectivité constamment en éveil, la recherche du bonheur allait devoir concéder la vitalité du corps au temps figé du rituel névrotique, là où l'amplitude de la détente se renverse en affects réprimés, en représentations forcloses, en fixations sclérosantes. Qu'une telle désubstantialisation de l'être relève d'une volonté d'éradication du sentir, cela convient tout à fait à cette période de notre histoire enchaînée à une mentalité pudibonde, conforme, méfiante et résignée. Pour la conscience nationale qui enserre la personnalité dans un rigorisme antisexuel de base, il va de soi que la hantise de l'impureté et de l'enfer monopolise l'individu dans l'attente angoissée du salut, ce qui, par ricochet, entretient la peur de jouir et la phobie d'une sexualité obscène, abominable. Chez Garneau, cette attente misérable se traduira par la transformation de la chair en cadavre. Le thème austère des os auquel aboutit *Les Solitudes*, l'image saisissante de l'épine dorsale ébranchée dans son remarquable récit du mauvais pauvre vont dépeindre avec une fureur inégalée la réalité répugnante de son corps de chair et de sa figure odieuse qui n'est plus qu'un masque encombrant dont il faut se dépouiller.

Souffrir et réfléchir, voilà ce qui amènera le poète à faire le lien – de manière discrète, allusive, bien entendu – entre son déchirement personnel et la présence dangereuse de certaines femmes dans sa vie. Bien que *Regards et jeux dans l'espace* y fasse moins explicitement référence, sinon par l'intermédiaire d'une nature qu'il se plaît à contempler, à savourer (« m'étant donné de toute mon avidité à l'amour des arbres, tout à coup c'est la femme que je voulais. C'était un chemin du désir charnel[17] »), il ne faut pas prendre à la légère sa soif d'amour où se laisse appréhender une demande de tendresse rendue présentable dans sa dimension respectueusement filiale. Les tourments de son cœur charnel, l'espoir d'un éventuel éclatement des bornes le disputeront à une indignité et une dépréciation chroniques que *Les Solitudes* étaleront avec une fébrilité autodestructrice. Dans un poème aussi violent que « C'est eux qui m'ont tué », il faut noter par quelle stupéfiante intuition Garneau met le « seul terrible mystère étranger » en parallèle avec ceux qui « ne sont pas à moi venus m'embrasser ». L'aspect *involontaire* de ce meurtre psychique rend encore plus pathétique une accusation qui tranche avec le climat de morosité de la majorité de ses textes.

L'emprise de la morale janséniste dont je viens de parler donne la primauté à la figure d'un Christ ensanglanté qui meurt tous les jours et à chaque instant, enfant issu d'une mère idéale, asexuée, et d'un père insaisissable, aérien comme le Saint-Esprit. À travers une immaturité psychologique qu'elle pérennise, cette fiction citée comme exemple de bonne conduite ne manquera pas d'hypothéquer à jamais les plaisirs qu'on voudrait encore se procurer. Devant un tel interdit de penser, l'acte de copulation – même sanctifié par l'auréole du sacrement de mariage qui ne fait que le tolérer sous la froide appellation de « devoir conjugal » – sera essentiellement interprété en tant que trahison de Dieu. Des symptômes psychosomatiques viendront prêter main-forte à ses efforts de sublimation afin de purifier, de spiritualiser l'attrait que les femmes n'arrêteront pas d'exercer sur son imaginaire.

De sorte qu'un poème comme « Accueil », c'est très clair, dessine l'attitude de distanciation impuissante qui s'opère : le *vous* courtois par lequel on s'adresse à celle qui « marche seule », un *vous* comparé à une fleur, est un *vous* de grâce et d'« exquise pudeur » dont la perfection décline toute rencontre réelle. Jouant un rôle similaire, « Qu'est-ce qu'on peut » et « Petite fin du monde » adopteront le thème des mains vides, des « pauvres mains qui ne font rien / Qui savent tout et ne peuvent rien », des mains qui « ne se reconnaissent plus », mains tristes « sans plus un chant / que voici mortes / désertées » auprès du visage de l'autre qui « a paru périr ».

Du côté des *Solitudes*, c'est une autre affaire. Beaucoup plus sombre, cet ensemble de poèmes fera se côtoyer – l'un étant la conséquence de l'autre – un désir sexuel contrarié et une douleur écartelante qui le pétrifie. Ne serait-ce que pour en dénier l'influence concrète chez l'intéressé, l'allusion à l'univers de la prostitution n'en demeure pas moins incontournable : « Ils se sont réveillés parqués là / Qui dépensent leurs ardeurs sans âme dans les bordels. » (« Il nous est arrivé des aventures ») Le poème « Lanternes », à sa façon lui aussi, identifiera ces « Vieilles / Pauvres lumières perdues » à « des regards alentours / Comme vous suspendus / Aux seins branlants des danseuses de bazar ». D'autre part, sa déréglante solitude qu'il compare à « une fille de mauvaise vie / Qu'on a suivie » (« Ma solitude n'a pas été bonne ») entamera le thème des pas perdus où, immanquablement ramené à lui-même, le marcheur finit par tomber dans le vide de son implacable introspection.

Comment ici ne pas songer à ce projet de roman autobiographique intitulé *Imposteur*? La description sans merci du personnage principal qui souffre de « déséquilibre sensible », d'« insatisfaction sexuelle », d'une « Nature viciée, toute tendue à la jouissance » et qui, atterré, ressent sa médiocrité complète pour, à bout de forces, aller finir sa course dans un bordel et y mourir « au milieu de la rage d'un travail inutile, d'une syncope[18] », ne nous laisse aucune marge de manœuvre. À d'innombrables reprises, sa correspondance ne fera que corroborer cette fascination réprimée. Faute de place, donnons-en un seul aperçu : affirmant que sa « sainteté est encore à venir », un peu gêné il avoue à un de ses meilleurs amis qu'une fois de plus il « désire davantage une maîtresse que la communion[19] ». Souvent beaucoup plus salés, les exemples abondent et attestent une misère sexuelle que la communauté s'empressera de maquiller.

Ainsi, les ténèbres du féminin vont tarauder son inspiration. On y décèlera des yeux de femmes qui ne peuvent passer par ses « yeux obscurcis [...] sans se souiller » (« Lassitude »). Il y aura l'orgueil d'une protestation romantique, d'une plainte véhémente – « Non ces voix de femmes vous n'entamerez pas / La pureté de mon chant » – de la part d'un être en quête de repli et qui se sent « balancer à la cime d'un arbre », arbre qui deviendra l'arbre de la croix qu'il s'incruste dans « la grappe du cœur enfin désespéré » (« Quitte le monticule ») ou encore sur lequel il implore le Christ de bien vouloir lui clouer les mains et les pieds avec des clous solides, « mains ivres de chair, brûlantes de péché » (« Et je prierai ta grâce »). Il nous faudra une fois encore observer une suicidaire répudiation de soi, le sentiment d'être épouvanté, désarmé « Devant la tristesse de la parole de chair / Qu'on n'attendait pas et qui nous frappe comme un soufflet au visage » (« Au moment qu'on a fait la fleur »).

À mille lieues de l'allégresse de l'enfance qu'il avait saluée dans ses *Regards et jeux dans l'espace*, de Saint-Denys Garneau se laisse entraîner dans le labyrinthe de la désolation. L'atmosphère macabre qui se mêlera à l'acte érotique ne sera pas sans rappeler les paysages lugubres d'un Nelligan. Dorénavant, après les « caresses les plus brûlantes », un « lit certain comme une tombe » côtoie « les plus lents poisons » (« Après les vieux vertiges »). Dans « Leur cœur est ailleurs », le poète qui « préfère avoir tout perdu » et « être un jeune mort étendu » assiste au milieu d'une « clarté glauque qui s'efface » au surgissement « De belles jeunes mortes, calmes et soupirantes / [qui] Glisseront dans [ses] yeux leurs formes déjà lointaines ». La solitude au bord de la nuit s'infiltre « Par les fissures de notre carcasse / Par tous les trous de notre architecture / Mal recouverte de chair / Et que laissent ouverte / Les vers de notre putréfaction » (« Ma solitude n'a pas été bonne »). Il y aura jusqu'à une « belle enfant avec des yeux neufs » pour « visiter nos cercueils », l'enfance et la mort se rencontrant à la lisière de ce pays pas « bien beau » qui protège des rayons mortels de la lumière (« Il vient une belle enfant »).

À défaut de trouver le réconfort dans les souvenirs tendres de son passé, et puisque les derniers sursauts de révolte (« Il nous est arrivé des aventures ») risquent à tout moment de basculer dans un processus de désubjectivation dévorante, son monde rendu catastrophique va se concentrer sur une terre infernale qui « mangeait ses péchés », en ce lieu où l'on « était à s'aimer comme des bêtes féroces / La chair hurlait partout comme une damnée / Et des coups contre nous et des coups entre nous / Résonnaient dans la surdité du temps qui s'épaissit » (« On n'avait pas fini »). Se refermait lentement, et pour toujours, la maison trop étroite où l'on étouffe (« Maison fermée »), maison qu'on aurait souhaité hospitalière pour accueillir tous ceux qui, comme de Saint-Denys Garneau, auront « longtemps pâti dehors, / Assailli de toutes les morts / Refusé de toutes les portes / Mordu de froid, rongé d'espoir », victime de l'impossible pardon qui, s'il lui avait été accordé, aurait pu permettre de quitter le cauchemar d'une éternelle « chasse de péché » (« Ma maison »). Ici, nous ne sommes pas loin du lieu ambivalent qu'aura représenté pour lui le manoir ancestral de Sainte-Catherine de Fossambault (monastère ? prison ? antre protecteur ?), et près duquel va brusquement s'éteindre, le corps caressé par le murmure pacifiant d'un ruisseau, ce jeune homme d'à peine trente et un ans.

Le lieu du poème

Grâce à une pratique de l'espace qui aura affiné sa connaissance aussi bien des mots que du regard, la poésie de Saint-Denys Garneau – vers irréguliers qui prennent les consonances d'une parole vive et familière – déjoue les restrictions du phrasé reconnu. Se dépensant à partir de ce qui est en train d'apparaître, son travail sur la langue marquera l'avènement d'une différence qui nous enseigne les effets de terreur du cogito idolâtré ; pur mouvement rendu à la béance de l'intimité, plongeon dans la noirceur de ses fantasmes d'enfant coupable, entre rupture et censure, le sédentaire de Sainte-Catherine se débat avec les épreuves de son voyage sur terre.

L'intérêt qu'il porte au procès de l'écriture (certains de ses poèmes nous en déclinent – quelquefois de manière presque géométrique – l'intrigante matière) se signalera d'abord par l'importance accordée à ce qu'il nomme le lieu du poème, qui n'est rien d'autre que le geste assumé de la parole vraie. Parole non garantie, issue du « prisme du présent », convocation à un dialogue qui, en se répercutant dans sa chair, le rendra à son secret détesté. Cet « espace illimité » pour « percer le dôme du firmament » et « pousser le périmètre à sa limite » (« Autrefois ») prend alors les allures d'un acte de subversion où fissure, éclatement des bornes et Au-delà deviennent la bouleversante condition d'accès à la subtile lumière de l'inconnu, expérience d'un extrême lâcher prise avec une totale participation de l'âme et du corps.

Pour percevoir au-dedans, cette transmutation d'énergie qui n'aspire qu'à rompre l'enchaînement du Moi aux autres à l'intérieur de soi se fait réceptive, affective, musicale, enivrante ; elle oublie les règles hiérarchiques, elle livre passage à cet irréductible « quelque chose qu'on ne voit pas / Mais existe, une perle précieuse » (« Quant à toi »). À mesure qu'elle s'élabore, son œuvre se dramatisera sous les signes du manque à combler afin de surmonter l'ennui, l'angoisse, l'expérience du néant. En opérant une critique de l'instrumentalisation de la parole et du langage[20], de Saint-Denys Garneau aura saisi le caractère malléable du mot, facteur de relations qu'on vide trop souvent de sa substance, absence d'intégrité derrière laquelle on se cache sans plus s'en rendre compte. « Pauvres beaux mots assassinés » par nous, qui n'ont plus rien de la réalité vivante, de la nécessité vivante, et qui, pour relancer le point de surgissement du sujet, doivent prendre à revers l'inertie satisfaite du temps. Car nous sommes toujours trop du temps, du bloc-temps qui récupère le souffle-individu, sans jamais remarquer l'impondérable de l'instant qui nous ouvre, ignorant comme il se doit que le mot est « un dieu qui sait ce que nous ne savons pas ».

À même un déploiement vertigineux qui met l'accent sur l'art qui « fait surgir et éclaire le subconscient par la découverte du monde[21] », l'œil interne du poème lui révélera l'impasse d'une jouissance (d'un savoir) non autorisée, sensation contradictoire dans laquelle il va se noyer à vouloir posséder le sens ultime dans le miroir conditionné de sa propre image, devenu l'otage du mythe d'un savoir absolu par la conscience parfaite de soi. Or, paradoxalement, cette noyade du cœur « Que la mer à nos yeux déchira » (« Qu'est-ce qu'on peut ») aura permis de radiographier la mise en danger du sujet incapable de se détacher d'une conception de lui-même, aux prises avec une inhibition par rapport à l'amour qui laisse remonter une peur insoupçonnée du rien et de la mort. En s'aventurant dans le creux actif de l'étonnement de la forme, de Saint-Denys Garneau aura eu la témérité de consentir à l'insondable, le rare courage de débusquer le semblant dont nous sommes tous faits, le semblant qui évite la vérité en s'efforçant de la contrefaire à coups d'illusions, de désaveux ou de rigidité.

Émotions désordonnées, défiance fulgurante où rayonne l'envers de toute certitude, son cheminement rend tangible la dynamique d'incommunicabilité et d'incompréhension inhérente à l'acte de parler. Par un étrange retour des choses, la faiblesse de cette vie saccagée qui aura été la sienne nous fait cadeau d'une écoute particulièrement intense. Et ce n'est pas alors sans une certaine angoisse qu'il nous est donné d'entendre la tragédie d'une lutte épuisante, jamais terminée, où s'expose avec l'obstination d'un souffle la conscience à la fois blessée et insoumise de notre irréparable humanité.

Notes

1. En accord avec Giselle Huot, nous adopterons volontairement la dénomination *de Saint-Denys Garneau*. Prenant acte que de Saint-Denys Garneau « signe toutes ses œuvres publiées, à l'exception de *Regards et jeux dans l'espace*, de St-Denys (De St-Denys), de Saint-Denys Garneau ou encore H. de St-Denys (H. de Saint-Denys) Garneau. » (*Œuvres en prose*, édition critique établie par Giselle Huot, Montréal, Fides, 1995, p. XVI), cette dérogation à la tradition imposée par la critique nous semble tout à fait pertinente.

2. Paul-Émile Borduas, *Textes – Refus global / Projections libérantes*, Montréal, Parti pris, 1974, p. 14.

3. Jean Le Moyne, « Saint-Denys Garneau, témoin de son temps », dans *Convergences*, Montréal, Hurtubise HMH, 1961, p. 219-241.

4. « Lettre à F. C., 18 mai 1930 », dans *Œuvres*, texte établi, annoté et présenté par Jacques Brault et Benoît Lacroix, Montréal, Presses de l'Université de Montréal, 1971, p. 848.

5. « Lettre à G. B., fin juin 1935 », *ibid.*, p. 1041.

6. « Lettre à F. C., 28 juin 1930 », *ibid.*, p. 860.

7. André Laurendeau, « Témoignages », *Le Devoir*, 9 juin 1962, cité dans *Œuvres en prose*, ouvr. cité, p. 216.

8. « Journal », mai 1935, *ibid.*, p. 271.

9. « Journal », 26 avril 1938, *ibid.*, p. 632.

10. « Avertissement », dans *Poésies*, édition préparée par Robert Élie et Jean Le Moyne, Montréal, Fides, 1949, p. 9.

11. « Journal », septembre 1937, dans *Œuvres en prose,* ouvr. cité, p. 522.

12. *Ibid.*, p. 253.

13. « Lettre à A. V., 19 octobre 1928 », dans *Œuvres*, ouvr. cité, p. 994-995.

14. « L'image de la tête coupée, ou plutôt l'impression », dans *Œuvres en prose,* ouvr. cité, p. 610-612.

15. « Impressions de lectures et autres », *ibid.*, p. 833-834.

16. « Lettre à R.E., septembre 1936 », dans *Lettres à ses amis*, édition préparée par Robert Élie, Claude Hurtubise et Jean Le Moyne, Montréal, Hurtubise HMH, 1967, p. 228.

17. « Journal », 26 juin 1938, dans *Œuvres en prose,* ouvr. cité, p. 643.

18. « Journal », fin mars-avril 1937, *ibid.*, p. 489-490.

19. « Lettre à J. L., 20 août 1933 », dans *Lettres à ses amis*, ouvr. cité, p. 80.

20. « Monologue fantaisiste sur le mot », dans *Œuvres en prose*, ouvr. cité, p. 108-113.

21. « Journal », octobre 1937, *ibid.*, p. 533.

BIBLIOGRAPHIE

Œuvres de Saint-Denys Garneau

Regards et jeux dans l'espace, Montréal, [s. é.], 1937.

Journal, Montréal, Librairie Beauchemin limitée, 1954. Avertissement de Robert Élie et Jean Le Moyne. Préface de Gilles Marcotte.

Saint-Denys-Garneau, Montréal, Fides, 1956. Choix de textes groupés et annotés par Benoît Lacroix.

Lettres à ses amis, Montréal, Hurtubise HMH, coll. « Constances », vol. 8, 1967. Avertissement de Robert Élie, Claude Hurtubise et Jean Le Moyne.

Œuvres, Montréal, Presses de l'Université de Montréal, 1971. Texte établi, annoté et présenté par Jacques Brault et Benoît Lacroix.

Poésies, comprend *Regards et jeux dans l'espace* et *Les Solitudes*, Montréal, Fides, coll. « du Nénuphar », 1972 (1949). Avertissement de Jean Le Moyne et Robert Élie. Introduction de Robert Élie.

Poèmes choisis, Montréal, Amay (Belgique) et Echternach (Luxembourg), Noroît, L'Arbre à paroles et Phi, 1993. Préface de Jacques Brault. Choix et présentation d'Hélène Dorion.

Regards et jeux dans l'espace, Montréal, Boréal, 1993. Postface, chronologie et bibliographie préparées par Réjean Beaudoin.

Regards et jeux dans l'espace suivi de *Les Solitudes*, Montréal, Bibliothèque québécoise, 1993. Présentation de Marie-Andrée Lamontagne.

Œuvres en prose, Montréal, Fides, 1995. Édition critique établie par Giselle Huot.

Journal, Montréal, Bibliothèque québécoise, 1996. Présentation de Wilfrid Lemoine.

Regards et jeux dans l'espace, Anjou, Centre éducatif et culturel, 1996. Textes explicatifs et appareil pédagogique établis par François Hébert.

Études critiques sur Saint-Denys Garneau

« Hommage à Saint-Denys Garneau », *Études françaises*, vol. 5, nᵒ 4, novembre 1969.

KUSHNER, Éva, *Saint-Denys-Garneau*, Montréal et Paris, Fides et Seghers, coll. « Poètes d'aujourd'hui », 1967.

THIBODEAU, Serge Patrice, *L'Appel des mots. Lecture de Saint-Denys-Garneau*, Montréal, l'Hexagone, coll. « Itinéraires », 1993.

VADEBONCOEUR, Pierre, « Instants du verbe », *Les Deux Royaumes*, Montréal, Typo, 1993.

TABLE

Regards et jeux dans l'espace

Autres poèmes

Cet ouvrage composé en Sabon corps 10
a été achevé d'imprimer
en novembre mil neuf cent quatre-vingt dix-neuf
sur les presses de Transcontinental
Division Imprimerie Gagné
à Louiseville
pour le compte des
Éditions Typo.

Imprimé au Québec (Canada)